I0704765

Mille motivi per accendere una sigaretta; solo uno per smettere di fumare

Come prendere coscienza del conflitto e superarlo

Bob Navnath

Sommario

Introduzione

Il fumo, nella società moderna, è più di una semplice abitudine. È un simbolo complesso, intrecciato nella vita di chi fuma, portatore di significati profondi che vanno oltre la dipendenza fisica. Da una parte rappresenta un momento di pausa, un gesto di sollievo, un rifugio dalla frenesia quotidiana; dall'altra, è una fonte di colpa, un promemoria costante dei rischi per la salute e delle sue conseguenze a lungo termine. Questo conflitto tra piacere e colpa, tra il desiderio di libertà e la realtà della dipendenza, accompagna ogni fumatore in un dialogo interiore continuo.

Ma perché fumiamo, davvero? E perché dovremmo smettere? Questa è la domanda che si nasconde dietro ogni sigaretta accesa. Nel corso delle pagine, esploreremo le storie di persone reali, ognuna con il proprio rapporto complesso con il fumo. Attraverso queste esperienze, vedremo come la sigaretta diventi, per alcuni, un simbolo di appartenenza, per altri una forma di ribellione, un rituale di creatività o una soluzione per gestire lo stress.

Queste storie non si fermano al fumo, ma raccontano il percorso di chi ha trovato la forza di smettere, affrontando paure, emozioni e fragilità. Ogni racconto è una testimonianza del lungo e difficile cammino verso la libertà, quella libertà che ognuno di noi può raggiungere.

Parte prima:

Capitolo 1: L'eco di mio padre

Ogni volta che mi trovo a riflettere sull'idea di smettere di fumare, una frase risuona nella mia mente, come un'eco lontana: "E mò che faccio?". Sono parole di mio padre, un grande fumatore per tutta la vita, che fu costretto a smettere per gravi motivi di salute. Non fu una scelta volontaria, ma una necessità, imposta dal suo corpo ormai provato. Ricordo ancora il momento in cui, dopo decenni passati con una sigaretta tra le dita, si trovò davanti all'incubo di un futuro senza quel gesto così familiare.

"E mò che faccio?", diceva con aria disorientata, come se gli avessero tolto una parte di sé. Quelle parole mi rimasero impresse. Ogni volta che io stesso rifletto sull'idea di smettere di fumare, il ricordo di mio padre torna prepotente. Quella domanda semplice, quasi banale, nascondeva in realtà tutto il suo senso di perdita e disorientamento.

Quando, più di vent'anni fa, decisi di smettere di fumare, mi trovai ad affrontare le stesse difficoltà. Anche per me, la sigaretta era diventata una costante, una compagna silenziosa nei momenti di stress, solitudine o incertezza. Smisi, con grande determinazione, e per molto tempo credevo di aver vinto quella battaglia. Mi sottoposi a un percorso di psicoterapia, scoprendo che il fumo non era soltanto una dipendenza fisica, ma un riflesso di qualcosa di più profondo. Era legato alle mie emozioni, alle mie paure e, in qualche modo, alla mia storia familiare.

La terapia mi aiutò a esplorare le radici di quella dipendenza. Realizzai quanto la figura di mio padre, con la sua stessa lotta, avesse influenzato il mio rapporto con il fumo. In un certo senso, seguivo le sue orme, cercando conforto in quel piccolo gesto che tanto gli era stato caro. Eppure, mi liberai dalle catene del fumo e per vent'anni vissi senza sigarette, credendo che la dipendenza fosse ormai un capitolo chiuso della mia vita.

Poi, quasi per gioco, mi riaccostai al fumo. Fu un ritorno inaspettato e subdolo. Tutto cominciò con un sigaro tra amici, un semplice momento di leggerezza. Non avrei mai immaginato che quel piccolo cedimento avrebbe aperto nuovamente la porta al vecchio nemico. In poche settimane, la dipendenza, che credevo sepolta nel passato, riemerse con tutta la sua forza. La sigaretta, inizialmente un piacere occasionale, riprese velocemente il suo posto nella mia quotidianità, come se gli anni di astinenza non fossero mai esistiti.

Fu in quel momento che capii quanto la dipendenza da fumo sia potente, insidiosa, e sempre pronta a riaffiorare, anche dopo anni di lontananza. La consapevolezza di aver lasciato che il fumo riprendesse il controllo mi colpì profondamente. Questa esperienza mi spinse a riflettere su quanto fragile fosse la mia apparente vittoria, e mi fece comprendere quanto fosse importante affrontare la questione in modo definitivo.

Ed è proprio questa riflessione che mi ha portato a scrivere questo libro. Non volevo soltanto raccontare la mia storia, ma esplorare a fondo le ragioni che ci spingono a fumare, i meccanismi nascosti dietro questa dipendenza e, soprattutto, condividere il percorso che ho intrapreso per cercare, una volta per tutte, di liberarmi da essa. Non è solo un racconto personale, ma una testimonianza del conflitto interiore che ognuno di noi, che ha avuto a che fare con il fumo, si trova a vivere.

"E mò che faccio?". Questa domanda non è più soltanto quella di mio padre. È diventata anche la mia. Ma a differenza di lui, questa volta ho deciso di cercare una risposta diversa, una risposta che non preveda più la sigaretta come parte della mia vita.

Capitolo 2: Il rifugio di Roberto

Roberto lavora come contabile in una grande azienda, dove le scadenze e i numeri governano la sua vita. Ogni giorno è scandito da riunioni, bilanci e responsabilità. La città caotica, il traffico frenetico e il suono costante del telefono sembrano amplificare il peso delle sue giornate. Ma c'è un'unica costante che gli offre un breve sollievo in mezzo a tutto questo caos: la sigaretta.

Per Roberto, accendere una sigaretta è più di un semplice gesto abitudinario. È un rituale che rappresenta una pausa dalla realtà, un momento in cui si sente padrone di sé. Uscendo sulla terrazza del suo ufficio, il rumore della città diventa un sottofondo distante e, mentre il fumo si alza lentamente, il tempo sembra sospendersi. La sigaretta diventa per lui uno scudo, un modo per affrontare il peso delle responsabilità e lo stress quotidiano.

Tuttavia, col passare del tempo, Roberto comincia a percepire un conflitto interiore sempre più forte. Quella sigaretta, che un tempo gli regalava un senso di libertà, ora appare come una gabbia dorata, un'illusione di tregua che non risolve i suoi problemi, ma li rimanda. Ogni tiro sembra donargli conforto, ma subito dopo arriva il senso di colpa, la consapevolezza che quel gesto lo sta allontanando dalla vita sana e piena che desidera. Ogni volta che rientra in ufficio, la stessa domanda lo tormenta: "Sto davvero prendendo una pausa o sto solo evitando di affrontare il vero problema?"

Roberto ha provato altre tecniche per gestire lo stress: brevi passeggiate, meditazione, ma nessuna sembra offrirgli lo stesso sollievo immediato della sigaretta. È consapevole che il fumo non è solo una dipendenza fisica, ma anche una risposta emotiva ai momenti di tensione. Ogni volta che accende una sigaretta, rivive ricordi di momenti condivisi con amici, di conversazioni profonde nelle serate fredde, di attimi in cui il fumo sembrava avvolgerlo in una bolla di tranquillità.

Ma quei ricordi iniziano a perdere il loro fascino. Roberto si rende conto che ogni pausa sigaretta è tempo sottratto a sé stesso e a ciò che davvero conta nella sua vita. I suoi figli lo osservano con occhi attenti, e lui sa che il suo esempio vale più di mille parole. Il pensiero di essere giudicato per una debolezza che lui stesso disprezza lo spinge a riflettere su come spezzare questo ciclo.

Capisce che il viaggio verso la libertà dal fumo non sarà facile, ma ogni volta che accende una sigaretta, ora riflette su come trasformare quel gesto in un'opportunità per cambiare. Sa che smettere non sarà solo una questione di volontà, ma una trasformazione profonda del suo rapporto con sé stesso e con il mondo. La sigaretta non è più il suo rifugio, ma un ostacolo da superare.

Alice è sempre stata attratta dal mondo spirituale. Viaggiatrice e appassionata di pratiche olistiche, ha dedicato gran parte della sua vita alla ricerca di un equilibrio interiore. Per lei, ogni giornata è un'opportunità per connettersi con il suo io più profondo, e il fumo è diventato un mezzo che le permette di entrare in uno stato di riflessione e contemplazione. Ogni mattina, accende una sigaretta, chiude gli occhi e inspira profondamente, lasciando che il fumo la avvolga. Quel fumo non è solo nicotina: è un ponte tra il mondo materiale e quello spirituale, una finestra attraverso cui Alice cerca un contatto più profondo con sé stessa.

Durante i suoi numerosi viaggi, Alice ha assistito a rituali sciamanici in cui il fumo veniva utilizzato per purificare lo spirito, connettersi con le energie superiori e comunicare con entità invisibili. In queste cerimonie, il fumo non è solo un elemento materiale, ma diventa un simbolo di trasformazione e liberazione. E così, anche per Alice, la sigaretta ha assunto un valore più grande: non è solo un'abitudine, ma un modo per riflettere, meditare e ritrovare sé stessa in un mondo che spesso la confonde.

Col passare del tempo, però, Alice inizia a percepire una contraddizione profonda nel suo gesto. Da un lato, la sigaretta le offre un senso di connessione spirituale; dall'altro, la consapevolezza dei danni che il fumo provoca al suo corpo diventa sempre più opprimente. La spiritualità che cerca attraverso il fumo sembra corrompersi, e Alice si trova intrappolata in un conflitto interiore. Si domanda se sia davvero possibile trovare pace e armonia attraverso qualcosa che, lentamente, la distrugge.

Durante uno dei suoi viaggi, un amico sudamericano le parla di una pratica spirituale chiamata "Zarar". Egli le spiega che ripetere questa parola tre volte al mattino e tre volte alla sera può aiutare a dissolvere l'attaccamento alle cose materiali, compreso il fumo. Incuriosita, Alice decide di provare. Ogni sera, prima di addormentarsi, chiude gli occhi e sussurra "Zarar, Zarar, Zarar", sperando che quelle parole possano aiutarla a liberarsi dalla sua dipendenza.

Con il passare del tempo, Alice nota un cambiamento. Il desiderio di accendere una sigaretta diminuisce, e scopre che può trovare lo stesso senso di pace in altre pratiche, come la meditazione o la respirazione consapevole. Ma il viaggio non è lineare. Ci sono giorni in cui il richiamo della sigaretta è forte, soprattutto quando è in compagnia di amici fumatori. In quei momenti, il conflitto interiore ritorna, e la domanda che si pone è sempre la stessa: "Potrò davvero liberarmi di questa dipendenza?"

Alice capisce che il percorso verso la libertà dal fumo non è solo una questione fisica, ma una profonda trasformazione interiore. Attraverso la pratica del "Zarar", della meditazione e della riflessione, inizia a scoprire che può trovare la connessione spirituale che cerca in modi più sani e sostenibili. La sigaretta, un tempo simbolo di introspezione, è diventata un ostacolo sulla via della sua crescita personale. Alice si impegna a proseguire il suo cammino verso la libertà, consapevole che il vero potere non risiede in un rito esterno, ma dentro di lei.

Capitolo 4: Socializzazione e appartenenza - La storia di Sara

Sara è una giovane studentessa universitaria, immersa nel fervore della vita accademica. Le sue giornate sono scandite da lezioni, esami e incontri con amici. In questo contesto, il fumo assume un ruolo particolare: non è solo un piacere individuale, ma un modo per socializzare e sentirsi parte di un gruppo. Le pause tra una lezione e l'altra sono spesso riempite da gruppetti di studenti che si radunano attorno a una sigaretta. Sara si unisce a loro, tenendo tra le dita una sigaretta accesa, e in quel gesto si sente parte di qualcosa di più grande.

Per Sara, il fumo diventa un rituale di appartenenza. Le risate, le confidenze e i momenti di complicità tra amici si intensificano grazie alla sigaretta. In quei frangenti, il fumo diventa un collante sociale, un modo per superare le barriere e facilitare le interazioni. Ma con il passare del tempo, Sara si rende conto che la sua partecipazione a questi rituali non è solo una questione di piacere; è anche la pressione sociale che la spinge a fumare, il desiderio di sentirsi accettata e di appartenere al gruppo.

La psicologia sociale insegna che i comportamenti di gruppo influenzano profondamente le scelte individuali, e Sara ne è un chiaro esempio. Ogni volta che accende una sigaretta, lo fa più per conformarsi alle aspettative degli altri che per un vero desiderio personale. Eppure, un conflitto inizia a crescere dentro di lei. Sara sa che il fumo non fa bene, è consapevole che esistono modi più sani per rilassarsi, ma la paura di essere esclusa, di sentirsi diversa dagli altri, la trattiene.

Con il tempo, Sara comincia a interrogarsi su questa dinamica. Si chiede se il fumo sia davvero necessario per socializzare e se esistano altri modi per sentirsi parte di un gruppo senza dover accendere una sigaretta. Così inizia a cercare alternative: organizza incontri con amici in caffetteria, partecipa a eventi sportivi e scopre che la connessione può avvenire anche in modi diversi. Pian piano, si rende conto che non ha bisogno della sigaretta per sentirsi parte di qualcosa. Le relazioni significative possono esistere anche senza quel gesto distruttivo.

Ma il percorso non è facile. Ogni volta che si trova con i suoi vecchi amici fumatori, il richiamo della sigaretta è forte. La tentazione di accendersene una per sentirsi inclusa è sempre presente. Tuttavia, Sara inizia a comprendere che la vera appartenenza non deriva dall'adesione a rituali dannosi, ma dalla capacità di esprimere sé stessa in modo autentico. La sua sfida ora è costruire relazioni basate su valori condivisi, piuttosto che su abitudini che non la rappresentano più.

Capitolo 5: Gestione dello stress - La storia di Luca

Luca è un giovane professionista brillante, ma la sua carriera in una prestigiosa società di consulenza lo ha intrappolato in un vortice di scadenze, aspettative e pressioni continue. Ogni giornata è una maratona di riunioni, telefonate e decisioni da prendere rapidamente. In mezzo a tutto questo caos, Luca ha trovato una via di fuga: la sigaretta.

Accendere una sigaretta è diventato per Luca il suo modo di staccare la spina, un momento per fermarsi e respirare, anche se ciò che riempie i suoi polmoni non è aria pulita, ma fumo. Ogni pausa sigaretta gli dà l'illusione di riprendere il controllo della sua giornata, allontanandosi, anche se solo per pochi minuti, dalla frenesia che lo circonda. Tuttavia, col passare del tempo, Luca si rende conto che la sigaretta non risolve affatto i suoi problemi. Ogni volta che spegne il mozzicone e torna alla scrivania, il peso dello stress ritorna, insieme al senso di colpa per aver ceduto ancora una volta.

Si accorge presto che il sollievo che la sigaretta gli offre è solo temporaneo. Più fuma, più si sente prigioniero di un ciclo che non riesce a spezzare. Ogni boccata non fa che rimandare il problema, senza affrontarlo realmente. Luca sa che deve trovare un altro modo per gestire lo stress, ma la sigaretta è sempre lì, pronta a offrirgli una via di fuga facile e immediata.

Un giorno, durante una pausa pranzo, Luca ha una conversazione illuminante con un collega, Simone, che ha smesso di fumare da qualche anno. Simone gli racconta come, dopo anni di dipendenza, abbia trovato alternative più sane per affrontare lo stress: l'esercizio fisico, la meditazione e persino brevi passeggiate all'aperto. Luca è incuriosito, sebbene inizialmente scettico. Non riesce a immaginare che qualcosa come la meditazione possa offrirgli lo stesso sollievo che trova nella sigaretta. Ma il racconto di Simone lo colpisce: la possibilità di affrontare lo stress senza dipendere dal fumo sembra una sfida, ma anche un'opportunità.

Decide di provare. Il giorno successivo, invece di uscire sul balcone per la solita sigaretta, Luca fa una breve passeggiata nel parco vicino all'ufficio. All'inizio è strano e quasi vuoto: gli manca il gesto automatico della sigaretta tra le dita, ma nota che il verde degli alberi e il ritmo dei suoi passi gli offrono un diverso tipo di sollievo. Non ha il respiro affannato che di solito segue una sigaretta e, quando torna alla scrivania, si sente più fresco, senza il peso del senso di colpa che ormai associava al fumo.

Con il tempo, Luca inizia a esplorare nuove strade. Si iscrive a un corso di yoga, seguendo il consiglio di Simone, e scopre che la pratica del movimento e della respirazione lo aiuta a gestire lo stress in modi che non avrebbe mai immaginato. Il respiro diventa il suo alleato, non più la sigaretta. Luca si rende conto che può affrontare le giornate frenetiche senza dipendere da una sostanza che lo intrappola.

Il cammino verso la libertà è lungo, e Luca sa che non sarà facile spezzare del tutto il legame con il fumo. Ma, per la prima volta, sente di avere una scelta: può decidere come gestire il suo stress senza essere schiavo di una dipendenza. Ogni passo verso una vita senza sigarette è un piccolo trionfo, e Luca sa che sta costruendo un futuro in cui il controllo non dipende più da una boccata di fumo, ma da una gestione consapevole del suo benessere.

Capitolo 6: Ribellione e indipendenza - La storia di Giulia

Giulia è un'adolescente che vive in una famiglia che pone grande enfasi sull'ordine e il rispetto delle regole. I suoi genitori, pur amorevoli, sono rigidamente legati a un modello di vita tradizionale, e questo la fa sentire spesso soffocata. Crescendo, ha sempre cercato di essere la "brava ragazza", quella che non delude le aspettative, ma ora inizia a percepire il peso di questa responsabilità. È così che inizia la sua ribellione, non in modo esplosivo, ma attraverso gesti silenziosi e carichi di significato: accendendo una sigaretta.

Per Giulia, il fumo non è solo un piacere; è una sfida, un segnale al mondo esterno e a sé stessa che può fare le proprie scelte, anche se queste non sono approvate dagli adulti. Ogni boccata le dà un senso di libertà, un atto di emancipazione che la distacca dall'immagine della ragazza perfetta. La sigaretta diventa il simbolo del suo desiderio di affermare la propria identità, di liberarsi dalle catene invisibili delle aspettative familiari.

Giulia trova conforto nel fumare con un gruppo di amici che condividono il suo stesso sentimento di ribellione verso il mondo degli adulti. Insieme, si sentono forti, uniti. Fumare diventa un atto di appartenenza, un gesto condiviso che rafforza la loro sensazione di essere diversi e indipendenti. Tuttavia, col passare del tempo, Giulia comincia a rendersi conto che questa ribellione non è affatto liberatoria come credeva. La sigaretta, che inizialmente le sembrava una scelta consapevole e controllata, sta lentamente trasformandosi in una necessità quotidiana.

Ogni mattina, la prima cosa che fa è cercare il pacchetto di sigarette. Durante le lezioni, non vede l'ora di uscire a fumare, e ogni sera il bisogno di accendersi una sigaretta diventa quasi ossessivo. Si rende conto che la libertà che cercava non l'ha trovata; anzi, è la sigaretta a controllare lei. La ribellione che voleva manifestare attraverso il fumo si è trasformata in una nuova prigione.

Un giorno, Giulia parla con Alice, un'amica di vecchia data che ha smesso di fumare. Alice le racconta di come ha trovato una nuova forma di ribellione, una che non le richiede di autodistruggersi. Ha scoperto che può esprimere la sua individualità attraverso la musica, l'arte e la scrittura, senza dover ricorrere al fumo. "La vera ribellione," dice Alice, "non è distruggere, ma creare." Quelle parole colpiscono Giulia profondamente.

Nei giorni successivi, Giulia inizia a esplorare nuove strade. Riprende il pianoforte, uno strumento che aveva abbandonato da anni, e si perde nella musica, trovando in essa un modo per esprimere le sue emozioni. Inizia a scrivere, a mettere nero su bianco i suoi pensieri, e scopre che la creatività le dà un senso di libertà molto più profondo di quanto non abbia mai fatto il fumo.

La sigaretta, che un tempo rappresentava la sua ribellione, diventa ora un peso di cui desidera liberarsi. Giulia si rende conto che la vera indipendenza non sta nel ribellarsi alle regole attraverso comportamenti distruttivi, ma nel trovare modi per affermare sé stessa in maniera creativa e costruttiva. Il fumo, che una volta le dava l'illusione di essere libera, è ora solo un ostacolo alla sua vera espressione. Decisa a seguire il consiglio di Alice, Giulia intraprende un nuovo percorso, uno in cui la ribellione è sinonimo di creazione e non di distruzione.

Leonardo è un giovane artista emergente, noto per le sue opere vivaci e audaci. Ogni mattina, il suo studio si riempie di colori e creatività, ma c'è un elemento che si intreccia costantemente con il suo processo artistico: la sigaretta. Accendere una sigaretta è diventato un gesto automatico per lui, un rituale che segna l'inizio di ogni sessione di lavoro. Il fumo sembra amplificare la sua ispirazione, trasportandolo in un viaggio di libertà, consentendogli di esplorare il suo mondo interiore.

Tuttavia, man mano che il tempo passa, Leonardo inizia a porsi domande. Quanto della sua creatività è realmente frutto del suo talento e quanto è influenzato dalla nicotina? La sigaretta è davvero un alleato o un ostacolo? Inizia a osservare il suo studio invaso dal fumo e si rende conto che sta cedendo a una dipendenza. Ogni volta che accende una sigaretta, interrompe il flusso della sua creatività; quel piccolo cilindro di tabacco, che un tempo sembrava un supporto per la sua arte, sta diventando una catena invisibile che lo tiene prigioniero.

Una sera, mentre dipinge, Leonardo si ferma e riflette. Se il fumo è diventato una dipendenza, come può trovare la libertà di esprimersi senza di esso? Decide di sperimentare e cercare nuove fonti di ispirazione. Inizia a suonare musica mentre dipinge, lasciandosi trasportare dalle melodie. Scopre che la musica lo aiuta a concentrarsi e a fluire attraverso il processo creativo, senza l'interruzione del fumo.

Inizia anche a praticare la meditazione. All'inizio, è scettico: non riesce a immaginare che un'attività come quella possa sostituire la sigaretta. Ma gradualmente si accorge che questi momenti di calma gli permettono di liberare la mente dalle ansie, offrendogli uno spazio di quiete da cui attingere nuove idee. Ogni giorno, prima di iniziare a dipingere, dedica alcuni minuti al respiro consapevole, scoprendo che può affrontare le sue paure e insicurezze senza rifugiarsi nel fumo.

Man mano che Leonardo si allontana dal fumo, nota un cambiamento nelle sue opere. I colori sembrano più vividi, le pennellate più sicure. Non è solo la tecnica a migliorare; è la profondità delle sue idee a crescere. Leonardo capisce che l'arte non deve essere alimentata da una dipendenza, ma piuttosto dalla libertà di esprimere sé stesso senza vincoli.

Alla fine, trova un nuovo modo di relazionarsi con la sua arte. La sigaretta, una volta simbolo di creatività, si trasforma in un ricordo di un passato da cui si sta liberando. Leonardo scopre che la vera creatività nasce dalla consapevolezza, dalla capacità di affrontare le proprie emozioni senza rifugiarsi nel fumo. La sua arte ora riflette non solo la sua tecnica, ma anche la sua libertà interiore.

Capitolo 8: Dipendenza fisica e psicologica - La storia di John

John è un fumatore incallito, e la sua relazione con il fumo è iniziata in modo innocente, all'età di sedici anni. Quello che inizialmente era un gesto di conformismo adolescenziale è rapidamente diventato una dipendenza profonda. A trentacinque anni, John non riesce a immaginare la sua vita senza sigarette. Ogni aspetto della sua giornata è scandito dal bisogno di fumare: appena sveglio, dopo ogni pasto e in ogni momento di stress.

Tuttavia, nonostante la routine che ha costruito attorno al fumo, John sa che questa abitudine lo sta distruggendo. I colpi di tosse persistenti, il fiato corto e il sapore amaro che gli rimane in bocca sono segnali chiari di un corpo in crisi. Sa di dover cambiare, ma ogni tentativo di smettere si è rivelato inutile. Ha provato cerotti alla nicotina, gomme da masticare e gruppi di supporto, ma nulla ha funzionato a lungo termine. La sua vera lotta non è solo con la dipendenza fisica, ma anche con quella psicologica.

Il fumo è diventato un rifugio emotivo per John. Ogni volta che si sente stressato, accende una sigaretta, convinto che quell'atto gli dia un momento di calma. Ma la verità è che la sigaretta lo tiene prigioniero. Un giorno, mentre fuma nel parco, un uomo anziano si siede accanto a lui e lo osserva in silenzio. Dopo un momento, l'anziano gli chiede: "Quando hai deciso di voler morire?"

La domanda colpisce John come un pugno. Cerca di minimizzare, ma l'anziano continua a guardarlo con occhi penetranti. "Ogni sigaretta che accendi è una scelta verso la morte. Il tuo corpo lo sa, ma tu lo ignori." Quella frase si insinua nella mente di John, facendogli prendere consapevolezza del costo delle sue scelte.

Nei giorni successivi, la conversazione continua a ronzare nella sua testa. Realizza che ogni sigaretta non è solo un'abitudine, ma una decisione che sta compromettendo la sua vita. Con questa crescente consapevolezza, decide di affrontare il problema da una prospettiva diversa. Un amico che ha smesso di fumare con successo gli suggerisce di provare la mindfulness e la meditazione. Questi strumenti, gli dice, non solo lo aiuteranno a gestire l'ansia, ma gli insegneranno a osservare le sue abitudini senza giudizio.

Inizia a praticare la meditazione ogni mattina all'alba. All'inizio è difficile; la mente vaga e il desiderio di fumare è forte. Ma col tempo, inizia a notare i benefici. La meditazione gli offre un momento di calma che non dipende dal fumo. Scopre che può affrontare lo stress senza rifugiarsi in una dipendenza.

Attraverso la mindfulness, John esplora anche la sua relazione emotiva con il fumo. Riconosce che gran parte della sua dipendenza non è fisica, ma è legata al bisogno di evasione. Le sigarette hanno rappresentato, per anni, una barriera contro le sue paure e insicurezze. Impara a riconoscere queste emozioni e ad affrontarle con consapevolezza.

Col tempo, la sua visione del fumo cambia radicalmente. Quello che una volta vedeva come un piacere necessario ora lo riconosce come una catena che lo tiene imprigionato. Non è stata solo la nicotina a tenerlo legato, ma la sua incapacità di affrontare le emozioni senza un supporto esterno. Finalmente, un giorno, decide di gettare via l'ultimo pacchetto di sigarette. Non con rabbia o frustrazione, ma con un senso di liberazione. Ora ha gli strumenti per affrontare la vita senza quella costante necessità, scegliendo di vivere davvero.

Claudia è una giovane fashion blogger in ascesa, nota per il suo gusto raffinato e la capacità di anticipare le tendenze. La sua carriera è cresciuta rapidamente, e nel corso del suo viaggio nel mondo della moda ha scoperto di essere attratta da un'immagine specifica: quella dell'icona del cinema elegante e misteriosa con una sigaretta tra le dita. Fin da adolescente, Claudia ha associato il fumo a un'idea di glamour e ribellione, un modo per esprimere la propria indipendenza.

Le immagini di grandi attrici del passato, come Audrey Hepburn e Marlene Dietrich, che fumavano con grazia sul grande schermo, hanno lasciato un segno indelebile nella sua mente. Queste figure sembravano incarnare una vita sofisticata e libera da vincoli. Quando ha iniziato a lavorare come blogger e a frequentare eventi di moda esclusivi, l'idea di fumare è diventata quasi inevitabile. Per Claudia, la sigaretta è diventata un accessorio, un dettaglio che completava la sua immagine.

Nei backstage delle sfilate e negli eventi mondani, si trova circondata da modelli e stilisti che fumano

come se fosse parte integrante del loro stile di vita.
All'inizio, questo gesto le sembrava attraente, un
modo per sentirsi parte del mondo che ammirava.
Ma col passare del tempo, Claudia inizia a notare le
crepe in quell'immagine patinata. Durante una
delle sfilate più prestigiose, osserva le modelle in
attesa di salire in passerella. Sono vestite in abiti
perfetti, con trucco impeccabile, ma dietro le
maschere di perfezione scorge un'inquietudine
profonda. Molte fumano compulsivamente, non
per il piacere, ma per calmare l'ansia e lo stress di
un mondo iper-competitivo.

Quello che inizialmente sembrava un simbolo di
fascino comincia ad apparire come una catena
invisibile che corrode dall'interno. Claudia si rende
conto che l'immagine del fumo come espressione
di libertà e glamour è una costruzione, una
narrativa perpetuata dalla moda e dal cinema, ma
che in realtà nasconde una lotta silenziosa. Le
modelle che lei ammirava non fumano per
apparire sofisticate, ma per gestire il peso della
pressione che quel mondo impone.

In un momento di riflessione, Claudia decide di
sfidare le norme del suo ambiente. Si rende conto
che la sua piattaforma, seguita da migliaia di
persone, può essere utilizzata per promuovere una
visione diversa: una visione che abbracci la salute
e l'autenticità come veri simboli di fascino. Inizia a
scrivere articoli nel suo blog in cui parla

apertamente delle difficoltà e dei danni legati al fumo, raccontando come la sigaretta fosse diventata per lei un accessorio imposto da un'immagine che sentiva di dover incarnare.

Claudia inizia a promuovere abitudini più sane, come lo yoga, l'alimentazione consapevole e la cura della pelle, spiegando come queste scelte possano riflettere un vero senso di benessere e autostima. Il messaggio è chiaro: il vero fascino non risiede in un accessorio esterno, ma in una vita vissuta in armonia con sé stessi.

Il suo nuovo approccio ha un impatto immediato. I follower iniziano a reagire positivamente, condividendo le loro storie di lotta contro la dipendenza e ringraziandola per aver aperto un dialogo su un tema spesso ignorato nel mondo della moda. Claudia diventa un punto di riferimento per una nuova generazione di giovani in cerca di un modello di vita più sano e autentico.

In questo percorso di trasformazione, Claudia capisce che il fascino non sta nella sigaretta, ma nella capacità di essere autentici. Scopre che il vero glamour è vivere in sintonia con sé stessi, senza il bisogno di conformarsi a un'immagine costruita. La sua autostima cresce e con essa la sua capacità di ispirare gli altri a trovare il coraggio di abbandonare ciò che non serve più.

Antonio ha sempre considerato il fumo un piacere occasionale, riservato a momenti speciali: feste, serate con amici o eventi importanti. È convinto di avere il pieno controllo della situazione, sicuro che, a differenza dei fumatori abituali, può smettere in qualsiasi momento. Questa convinzione gli dà un senso di tranquillità: per lui, il fumo è solo un piacere passeggero, una scelta consapevole.

Ma con il passare del tempo, la sua sicurezza inizia a vacillare. Ogni volta che si ritrova in situazioni di stress, il desiderio di fumare cresce, e le sigarette, che dovevano rimanere occasionali, cominciano a insinuarsi sempre più spesso nella sua vita. In una serata tra amici, mentre si diverte e beve, si accorge che le sigarette si susseguono una dopo l'altra, senza che lui se ne renda conto. Quello che doveva essere un piacere ora si trasforma in una costante, ma Antonio continua a ripetersi che può smettere quando vuole.

Non si rende conto che, proprio come le Sirene del mito, le sigarette lo stanno attirando in un abisso di dipendenza. Decide di dare un nome alle sue sigarette: le chiama Si-renette, in omaggio alla loro seduzione. Queste piccole creature lo convincono che fumare solo in certe situazioni sia una scelta

consapevole, ma ogni tiro lo lega sempre di più,
rendendo impossibile immaginare un momento di
relax senza di loro.

La svolta avviene quando un amico ex fumatore gli
fa notare che il vero controllo non sta nel poter
fumare occasionalmente, ma nel non averne più
bisogno affatto. Questa rivelazione fa riflettere
Antonio. Inizia a interrogarsi su come ogni
sigaretta che accende non sia davvero una scelta,
ma una risposta automatica a un impulso. La sua
illusione di controllo inizia a svanire, e l'idea che il
fumo sia un piacere si trasforma in un inganno.

Deciso a cambiare rotta, Antonio comincia a
esplorare alternative per affrontare lo stress senza
ricorrere al fumo. Inizia a dedicarsi allo sport, a
fare escursioni all'aria aperta, e scopre il piacere di
correre nel parco senza il fiato corto. Trova
conforto nel suono della natura, che gli regala un
senso di pace che la sigaretta non potrà mai dargli.
Si avvicina anche alla meditazione, imparando a
gestire lo stress e l'ansia senza farsi dominare
dalla nicotina.

Col tempo, Antonio comprende che la vera libertà
sta nella capacità di scegliere consapevolmente il
proprio benessere, senza lasciarsi incantare dalle
Si-renette. Ciò che un tempo considerava una
scelta sotto il suo controllo si rivela una trappola
invisibile. Con determinazione e coraggio, decide

di prendere le distanze dal fumo e di affrontare il mondo con una nuova consapevolezza, scegliendo di vivere una vita libera dalla dipendenza.

Capitolo 11: Solitudine e fumo - La storia di Valeria
Valeria è una freelance che trascorre molte ore da sola nel suo appartamento, un luogo che sembra ingigantirsi quando il rumore della città si spegne e il silenzio diventa assordante. Ogni sera, dopo aver terminato una lunga giornata di lavoro, si siede sul balcone e accende una sigaretta, trovando conforto in quel gesto meccanico. La sigaretta diventa per lei una compagna silenziosa, un rifugio temporaneo in cui può tirare un sospiro di sollievo.

All'inizio, il fumo le sembra un modo per alleviare la solitudine, per sentirsi meno isolata. Quando accende la prima sigaretta della giornata, trova in essa una presenza amica, qualcosa che non la giudica e che le offre un momento di pace. Tuttavia, col passare del tempo, Valeria inizia a rendersi conto che la sigaretta non sta affatto alleviando la sua solitudine; al contrario, la isola ancora di più, alimentando un ciclo pericoloso da cui sembra sempre più difficile uscire.

La sigaretta diventa parte della sua routine quotidiana: un caffè al mattino, una sigaretta; una pausa dal lavoro, una sigaretta; una serata in solitudine, diverse sigarette. Inizialmente, queste pause le sembrano un modo per sfuggire al silenzio opprimente, ma presto si accorge che ogni boccata le ricorda la sua incapacità di affrontare il proprio disagio senza un supporto esterno. La sua solitudine, invece di svanire, si fa sempre più opprimente.

Un giorno, mentre si trova sul balcone con la sigaretta tra le dita, Valeria riflette su quanto il fumo abbia limitato la sua vita. Le sigarette non le danno più la sensazione di conforto che cercava; piuttosto, le ricordano il peso della dipendenza. È un momento di consapevolezza profonda in cui si rende conto che, per affrontare la sua solitudine, deve trovare modi più sani per connettersi con sé stessa e con gli altri.

Decide di partecipare a un gruppo di supporto per chi desidera smettere di fumare. Inizialmente è scettica e teme di non trovare il conforto che cerca, ma durante le prime riunioni scopre una cosa sorprendente: molte persone nel gruppo condividono la sua storia. Molti di loro hanno iniziato a fumare per alleviare la solitudine, per riempire un vuoto o per sentirsi meno isolati. Quella connessione la sorprende e la conforta.

Durante una riunione, un partecipante racconta una storia che fa riflettere Valeria. Parla di due discepoli che si recano dal loro maestro per chiedere consiglio. Il primo chiede: "Maestro, posso fumare mentre medito?" Il maestro risponde: "No, assolutamente no." Il secondo discepolo chiede: "Maestro, posso meditare mentre fumo?" E il maestro risponde: "Sì, assolutamente sì." Questa storia suscita una risata nel gruppo, ma per Valeria ha un significato profondo. Capisce che non è tanto il fumo in sé il problema, ma il modo in cui si relaziona ad esso.

Da quel momento, Valeria inizia a vedere il fumo sotto una nuova luce. Non come una compagna fedele, ma come un modo per evitare di stare con sé stessa. Comincia a esplorare attività che le permettano di affrontare la solitudine in modo autentico. Inizia a praticare yoga, partecipa a corsi di cucina e fa nuove amicizie, scoprendo che la vera connessione si trova nel condividere esperienze significative.

Con il supporto del gruppo e la pratica della consapevolezza, Valeria comincia a percepire le sigarette come un'illusione che non ha più bisogno di coltivare. Ogni volta che sente il richiamo di accenderne una, si ricorda delle parole del maestro. La chiave non è evitare il fumo, ma trasformare la propria esperienza, trovando pace e serenità dentro di sé.

Col tempo, scopre che la vera connessione non è
con la sigaretta, ma con sé stessa e con le persone
che la circondano. La solitudine, che un tempo
cercava di soffocare con il fumo, diventa una
compagna meno temibile. Impara ad accettarla e a
viverla con meno ansia, sapendo che la vera
compagnia è quella che trova nel suo cuore e nelle
relazioni che sta costruendo.

Capitolo 12: Il peso del cattivo esempio - La storia di Mario

Mario è un padre di famiglia che ama
profondamente i suoi due figli, Marco e Sofia.
Crescendo, ha sempre cercato di dare loro il
miglior esempio possibile, insegnando valori come
il rispetto, l'onestà e l'importanza della salute.
Tuttavia, nella sua vita quotidiana, c'è un aspetto
che sembra contraddire tutto ciò che ha sempre
voluto trasmettere: la sua dipendenza dal fumo.

Per Mario, fumare è diventato un gesto
automatico, un modo per affrontare le tensioni e le
pressioni della vita. Ogni volta che accende una
sigaretta, sente di concedersi un attimo di tregua,
ma la consapevolezza del cattivo esempio che sta
dando ai suoi figli inizia a pesare sulla sua
coscienza. Mentre fuma, osserva Marco e Sofia che
lo guardano con occhi curiosi, e in quei momenti si
sente in colpa.

La sigaretta, che dovrebbe rappresentare un momento di relax, diventa un simbolo di ipocrisia. Le parole che pronuncia riguardo alla salute e al benessere si scontrano con l'immagine che i suoi figli vedono: un padre che, mentre parla di scelte sane, si rifugia nel fumo. Ogni tiro sembra pesare come un macigno sul suo cuore, e la domanda che lo tormenta è sempre la stessa: "Cosa sto insegnando davvero ai miei figli?"

Un giorno, mentre Mario è nel giardino a fumare, sente Marco avvicinarsi. Il bambino lo osserva attentamente e, con innocenza, gli chiede: "Papà, perché fumi se dici che fa male?" La domanda lo colpisce come un fulmine, e Mario non sa come rispondere. Non riesce a trovare parole che possano giustificare il suo comportamento. La verità è che non ha giustificazioni; si sente vulnerabile, e quel momento di fragilità lo costringe a riflettere profondamente.

Inizia a considerare l'idea di smettere di fumare non solo per la sua salute, ma soprattutto per i suoi figli. Si rende conto che il suo comportamento non riguarda solo lui, ma ha ripercussioni dirette sulla vita dei suoi bambini. La consapevolezza di essere un modello per loro lo spinge a voler cambiare, a essere l'esempio che ha sempre sognato di essere.

Decide di informarsi sui programmi di disintossicazione e di smettere di fumare.

Riconosce che il percorso sarà difficile, ma è determinato a farlo per il bene della sua famiglia. Parla apertamente con Marco e Sofia della sua decisione di smettere e spiega loro perché è così importante. I bambini, che avevano sempre visto il fumo come una normalità, iniziano a comprendere le conseguenze delle sue azioni. La sincerità di Mario ispira i suoi figli e crea un legame più profondo tra di loro.

Durante il suo percorso per smettere, Mario scopre che la vera sfida non è solo resistere alla tentazione di fumare, ma anche affrontare le emozioni e le pressioni quotidiane senza ricorrere al fumo. Inizia a praticare la meditazione, trova sostegno in un gruppo di disintossicazione e inizia a coltivare hobby che lo aiutano a gestire lo stress. Ogni volta che sente l'istinto di accendersi una sigaretta, ricorda la promessa che ha fatto ai suoi figli: diventare un padre migliore.

Col passare del tempo, Mario inizia a notare i cambiamenti non solo nella sua salute, ma anche nel suo rapporto con i figli. I momenti trascorsi insieme diventano più significativi. Giocano all'aperto, fanno sport e condividono le loro esperienze in modo autentico. I sorrisi di Marco e Sofia gli danno la forza di perseverare nel suo impegno per smettere. Finalmente, si rende conto che il vero premio non è solo la libertà dal fumo, ma anche il dono di una vita più sana e piena per la sua famiglia.

Un giorno, mentre tutti e tre sono insieme nel giardino, Mario guarda i suoi figli con orgoglio. Non ha solo smesso di fumare; ha trovato un nuovo modo di vivere, uno che riflette i valori che desidera trasmettere. Ha realizzato che, oltre a combattere la propria dipendenza, ha riacquistato il controllo della sua vita e ha creato un ambiente migliore per i suoi figli. In quel momento, Mario sa di aver fatto la scelta giusta, non solo per sé stesso, ma per la famiglia che ama.

Parte seconda:

Capitolo 1: Francesco - Il viaggio verso la libertà dal fumo

Francesco, 50 anni, ha iniziato a fumare da giovane, come molti altri, convinto che una sigaretta potesse ridurre lo stress e aiutarlo a integrarsi nei gruppi sociali. Non aveva mai immaginato che quella che all'inizio sembrava una scelta volontaria sarebbe diventata una dipendenza tanto radicata nella sua vita da influenzarne la salute fisica e psicologica. Ora, dopo anni di tentativi falliti e ricadute, la sua battaglia contro il fumo è giunta a un bivio.

La consapevolezza del problema

Per Francesco, smettere di fumare non è mai stato solo una questione fisica. Anche se le visite dal medico gli ricordavano costantemente gli effetti negativi del fumo sulla sua salute, come la tosse persistente e la crescente fatica, il problema più grande era nella sua mente. Il fumo era diventato una risposta automatica a ogni piccola tensione, una "soluzione" per affrontare le sue paure e l'ansia che sentiva crescere in momenti di stress. Ogni volta che accendeva una sigaretta, sentiva un sollievo temporaneo, ma anche un crescente senso di colpa.

La svolta arrivò durante una visita dal suo medico di fiducia, quando gli venne detto che la sua salute era ormai seriamente compromessa. "Se continui così, i tuoi polmoni non reggeranno molto a lungo". Queste parole, così chiare e definitive, lo scossero profondamente. Francesco comprese che non era più questione di scegliere se fumare o meno: doveva smettere. E questa consapevolezza lo fece sentire vulnerabile, in balia di una dipendenza che non riusciva a controllare.

Il diario e la scoperta delle vere cause

Per affrontare questo nuovo capitolo della sua vita, Francesco decise di tenere un diario. Inizialmente, scrivere i suoi pensieri gli sembrava un gesto inutile, ma col tempo si accorse di quanto fosse utile per esplorare le radici profonde della sua dipendenza. Non era solo questione di "fumo", ma di tutto ciò che quel gesto rappresentava: una pausa dal mondo, un rifugio dalle responsabilità, e un momento per sé stesso in un mondo sempre troppo caotico.

Scrivendo, scoprì che ogni sigaretta accesa era una sorta di "scudo emotivo". Dietro ogni tiro c'era una paura inespressa, un'inquietudine che non aveva mai davvero affrontato. Era abituato a gestire i momenti difficili accendendo una sigaretta, senza mai fermarsi a riflettere su cosa stesse realmente provando. Più scriveva, più si rendeva conto che il fumo era diventato una risposta a tutto: gioia, tristezza, ansia, noia.

Il supporto della terapia

Deciso a rompere questo schema, Francesco cercò l'aiuto di un terapeuta. Le prime sedute furono difficili: non era abituato a parlare delle sue emozioni. Ma lentamente iniziò a esplorare i motivi più profondi della sua dipendenza. Il terapeuta gli spiegò che il fumo, come altre dipendenze, agiva come un anestetico emotivo. Francesco usava il fumo per "spegnere" sensazioni e pensieri scomodi. Ma smettere significava affrontare quelle stesse emozioni a cui aveva cercato di sfuggire per anni.

Attraverso la terapia, imparò tecniche di respirazione e meditazione per gestire lo stress senza dover ricorrere al fumo. Questi strumenti gli diedero una nuova prospettiva. Scoprì che il sollievo che cercava nella sigaretta poteva essere ottenuto anche con altri mezzi, più sani e duraturi. Francesco cominciò a camminare ogni giorno, a fare esercizio fisico e a prendersi momenti di pausa per sé stesso senza dover accendere una sigaretta.

Le difficoltà e le ricadute

Non fu un percorso lineare. Francesco ebbe momenti di crisi, durante i quali sentiva il desiderio irrefrenabile di tornare a fumare. Le prime settimane furono particolarmente difficili: la sua mente cercava ogni scusa per giustificare "solo un'altra sigaretta". Ma il diario e la terapia gli diedero gli strumenti per riconoscere quei momenti di debolezza. Imparò a fermarsi, a riflettere, e a usare le tecniche apprese per gestire l'ansia e lo stress.

Ci furono anche piccole ricadute. Una sera, in compagnia di amici che fumavano, si lasciò andare e accese una sigaretta. Ma invece di cedere alla frustrazione, capì che era solo un incidente di percorso. Riprese il suo cammino con rinnovata determinazione, ricordando che ogni passo avanti era una vittoria, anche se piccolo.

La trasformazione finale

Dopo mesi di lavoro su sé stesso, Francesco si accorse che il suo rapporto con il fumo stava cambiando. Non era più una tentazione costante. Al contrario, cominciò a sentirsi più libero, meno legato al bisogno di accendere una sigaretta ogni volta che provava un'emozione negativa. Il fumo aveva perso il suo potere su di lui.

Ora, Francesco guardava al futuro con una nuova prospettiva. Sapeva che non sarebbe stato facile, ma aveva finalmente trovato una forza interiore che gli permetteva di affrontare le sfide della vita senza rifugiarsi nella dipendenza. Il suo corpo stava guarendo e la sua mente era più lucida, più consapevole. Aveva riscoperto il piacere di respirare a pieni polmoni, senza la costante presenza del fumo.

Per Mauro, fumare non era solo un'abitudine, ma un vero e proprio rifugio dalle difficoltà della vita. Aveva iniziato a fumare durante l'università, quando le pressioni accademiche e sociali si facevano sentire più forti. Col tempo, la sigaretta era diventata la sua costante, un modo per sentirsi in controllo di fronte alle sfide quotidiane.

Tuttavia, dopo anni di fumo, Mauro iniziò a sentirsi sempre più intrappolato in questa dipendenza. Non era solo il corpo a soffrire, con la tosse persistente e il fiato corto, ma anche la mente: la sensazione di dipendere da un oggetto esterno per sentirsi calmo lo rendeva sempre più insoddisfatto di sé stesso.

La decisione di cambiare

La svolta arrivò durante una vacanza in montagna, quando si accorse di non riuscire più a godersi appieno le lunghe passeggiate che tanto amava. Dopo pochi passi, il fiato corto e la stanchezza lo costringevano a fermarsi, e ogni sosta era accompagnata da una sigaretta. Fu in quel momento che Mauro capì che la sua dipendenza stava limitando la sua libertà, non solo fisicamente, ma anche emotivamente. Decise che era arrivato il momento di smettere.

La sua decisione, però, non fu immediatamente accompagnata dall'azione. Per settimane continuò a fumare, rimandando costantemente l'inizio del suo percorso verso la libertà. "Smetterò domani", si ripeteva ogni sera, sapendo che quella promessa veniva infranta ogni volta che accendeva un'altra sigaretta.

Riscoprire la creatività

Quando finalmente decise di smettere per davvero, Mauro si rese conto che aveva bisogno di riempire il vuoto che il fumo avrebbe lasciato. Da tempo, si era allontanato dalle sue passioni creative, in particolare dalla scrittura, che era stata una parte importante della sua vita in passato. Decise di iscriversi a un corso di scrittura creativa, non solo per distrarsi dalla mancanza del fumo, ma per riconnettersi con una parte di sé che aveva trascurato per anni.

Le prime lezioni furono difficili. Scrivere richiedeva un tipo di concentrazione che Mauro non era più abituato a mantenere senza le sue pause sigaretta. Ma, col passare del tempo, cominciò a ritrovare il piacere di esprimersi attraverso le parole. La scrittura divenne per lui un nuovo rifugio, uno spazio in cui poteva esplorare i suoi pensieri e le sue emozioni senza dover ricorrere alla sigaretta.

La rinascita personale

Man mano che si immergeva sempre più nel mondo della scrittura, Mauro si accorse che qualcosa dentro di lui stava cambiando. La creatività che un tempo associava alle sigarette era ancora lì, ma senza il bisogno di accendere una sigaretta per alimentarla. Scoprì che la sua mente era più lucida, che le idee fluivano più liberamente, e che riusciva a esplorare aspetti di sé stesso che non aveva mai considerato prima.

In particolare, Mauro iniziò a scrivere racconti incentrati sul tema del cambiamento personale. Ogni storia che metteva su carta sembrava rispecchiare una parte del suo viaggio verso la libertà dal fumo. Attraverso la scrittura, riusciva a elaborare le sue paure, le sue insicurezze e il suo senso di colpa per aver fumato così a lungo. Ma, allo stesso tempo, ogni parola scritta rappresentava un passo verso la guarigione.

Nuove passioni e scoperte

La scrittura non fu l'unica novità nella vita di Mauro. Con il passare delle settimane, cominciò a esplorare anche altre passioni. Decise di iscriversi a un corso di cucina, una passione che aveva coltivato solo superficialmente negli anni precedenti. Preparare piatti sani e gustosi gli diede una nuova prospettiva sul benessere: non si trattava solo di smettere di fumare, ma di prendersi cura di sé stesso in modo completo.

Il suo nuovo stile di vita non passò inosservato. Gli amici e i familiari di Mauro cominciarono a notare il cambiamento. Non era più il solito Mauro che si isolava per fumare durante le pause, ma una persona più presente, più aperta e più serena. In particolare, la sua fidanzata Anna, che lo aveva supportato in ogni fase del percorso, lo incoraggiò a continuare su questa strada, ricordandogli quanto fosse importante celebrare ogni piccolo traguardo.

La sfida della costanza

Nonostante i successi, Mauro sapeva che il cammino verso una vita senza fumo non era ancora completo. Ci furono momenti in cui sentiva il richiamo della sigaretta, specialmente quando si trovava sotto pressione al lavoro o in momenti di solitudine. Ma, a differenza di prima, aveva ora gli strumenti per affrontare queste situazioni. La scrittura, la cucina e l'esercizio fisico erano diventati i suoi nuovi "strumenti di gestione dello stress". Ogni volta che sentiva il desiderio di fumare, si concentrava su una di queste attività, trovando un modo sano per scaricare la tensione.

Un nuovo inizio

Mauro si accorse che la sua vita stava prendendo una piega diversa. Il fumo, che un tempo era al centro delle sue giornate, era stato sostituito da nuove passioni e abitudini sane. Si sentiva finalmente libero dalla dipendenza, non solo fisicamente, ma anche emotivamente. Non aveva più bisogno di una sigaretta per sentirsi "sé stesso".

Guardando indietro al suo percorso, Mauro si rese conto che smettere di fumare non aveva significato solo abbandonare un'abitudine dannosa. Era stato un viaggio di riscoperta personale, una rinascita che lo aveva portato a riscoprire le sue passioni, a ritrovare la serenità e a riconnettersi con sé stesso in modo profondo e autentico.

Capitolo 3: Marco - La gioia di una vita senza fumo

Marco ha vissuto per anni con una routine scandita dal fumo. Ogni momento di pausa, ogni riflessione o gesto di sollievo era legato a una sigaretta. Per lungo tempo, fumare era stato un modo per staccare dalla frenesia della vita e gestire lo stress. Tuttavia, col passare degli anni, ciò che era nato come un piacere occasionale era diventato una gabbia che lo limitava fisicamente e mentalmente.

La decisione di cambiare

La decisione di smettere maturò lentamente, soprattutto quando Marco iniziò a sentire i segnali del suo corpo. Il fiato corto durante le attività fisiche e la stanchezza crescente lo portavano a riflettere su come il fumo stesse influenzando negativamente la sua vita. Tuttavia, fu solo quando si accorse di quanto la sigaretta avesse tolto spontaneità e libertà alle sue giornate che decise di prendere una posizione netta: voleva vivere senza fumo.

La decisione, per quanto consapevole e sentita, non fu priva di difficoltà. I primi giorni furono pieni di irrequietezza, nervosismo e una costante tentazione di riprendere a fumare. Ma Marco sapeva che, per spezzare definitivamente il legame con il fumo, doveva affrontare e superare quei momenti critici.

Riscoprire sé stesso

Con il passare del tempo, Marco iniziò a notare cambiamenti che lo sorpresero. Il suo corpo sembrava risvegliarsi dopo anni di "torpore". I sapori del cibo e gli odori circostanti diventavano più intensi, mentre la respirazione, senza la presenza costante del fumo nei polmoni, tornava a essere profonda e naturale.

Questa riscoperta dei sensi lo portò a voler esplorare nuovi aspetti della sua vita. Decise di

dedicarsi a hobby che aveva sempre trascurato,
come la cucina. Preparare piatti gustosi e sani
divenne una forma di espressione e di piacere. La
cura con cui sceglieva gli ingredienti e l'attenzione
per la preparazione riflettevano il suo desiderio di
prendersi cura di sé in modo diverso, più
autentico.

L'attività fisica come liberazione

Un'altra importante scoperta fu la corsa. Prima di
smettere, Marco si era sentito troppo stanco e
limitato fisicamente per prendere in
considerazione l'idea di fare sport. Tuttavia, una
volta liberatosi dalla dipendenza, decise di provare
a correre, iniziando con brevi passeggiate nel
parco che si trasformarono presto in sessioni di
corsa regolari.

La corsa divenne per Marco non solo un'attività
fisica, ma un rituale di libertà. Ogni passo, ogni
respiro gli ricordavano che non aveva più bisogno
del fumo per affrontare lo stress o trovare sollievo.
L'energia e la vitalità che la corsa gli restituiva
superavano di gran lunga qualsiasi beneficio
temporaneo che una sigaretta gli avesse mai
offerto. La sua mente era più lucida, il suo corpo
più forte, e la sensazione di controllo su sé stesso
lo riempiva di orgoglio.

Le relazioni sociali: un nuovo inizio

Un altro aspetto sorprendente della sua vita senza fumo fu il modo in cui le sue relazioni cambiarono. Non avendo più bisogno di isolarsi per fumare, Marco si trovò a essere più presente nelle conversazioni e nelle interazioni con amici e conoscenti. Scoprì che senza la necessità costante di allontanarsi per una pausa sigaretta, i momenti di convivialità erano più intensi e significativi.

Questa nuova consapevolezza lo spinse anche a guardare con occhio critico le vecchie abitudini che lo avevano portato a fumare in passato. Capì che molte delle sue relazioni sociali erano state influenzate dalla dipendenza, che spesso lo isolava dagli altri. Ora, invece, Marco si sentiva più libero di partecipare pienamente alla vita, senza l'interruzione costante del desiderio di fumare.

La libertà ritrovata

Man mano che i mesi passavano, Marco si rese conto che non solo aveva smesso di fumare, ma aveva anche riscoperto una parte di sé che aveva trascurato per anni. Il fumo, che era stato una costante per così tanto tempo, non era più una necessità. Sentiva di aver riconquistato il controllo della propria vita, di poter affrontare le sfide quotidiane con una nuova forza interiore.

Ogni giorno senza sigarette era una vittoria. La libertà che provava nel poter scegliere cosa fare senza sentirsi vincolato alla dipendenza era impagabile. Ora poteva concentrarsi su sé stesso, sulle sue passioni e su una vita più autentica, senza la necessità di trovare rifugio nel fumo.

Guardare al futuro

Guardando al futuro, Marco si sentiva ottimista. Sapeva che ci sarebbero stati momenti difficili, ma era certo di poterli affrontare senza ricorrere alla sigaretta. Aveva imparato a gestire lo stress attraverso altre vie: l'attività fisica, la cucina e, soprattutto, la consapevolezza di sé. Smettere di fumare non aveva solo migliorato la sua salute fisica, ma lo aveva aiutato a comprendere meglio le sue emozioni e a gestirle in modo sano.

La gioia di una vita senza fumo non risiedeva solo nel benessere fisico ritrovato, ma anche nella serenità mentale che aveva guadagnato. Marco era finalmente libero, e questa libertà gli permetteva di vivere pienamente, con un rinnovato senso di gratitudine e consapevolezza.

Capitolo 4: Alessia - Solitudine e riconnessione

Alessia è una donna indipendente che vive da sola da molti anni. La sua carriera di freelance le ha dato una libertà che ha sempre apprezzato, ma allo stesso tempo l'ha esposta a lunghi periodi di isolamento. Per molto tempo, la sigaretta è stata la sua compagna silenziosa, una presenza costante che l'accompagnava nelle lunghe ore passate a lavorare in casa e nei momenti di pausa.

Il legame con la solitudine

Alessia aveva sempre visto il fumo come un modo per spezzare il silenzio della sua casa, come una sorta di "compagnia". Accendere una sigaretta le permetteva di concedersi una pausa, di distogliere la mente dal lavoro o dalla solitudine che talvolta si faceva insopportabile. Non aveva mai considerato il fumo un problema fino a quando si accorse che quella pausa innocente era diventata una parte integrante della sua giornata, qualcosa che sembrava riempire un vuoto più profondo.

Col passare del tempo, la solitudine iniziò a pesare. La sigaretta, che all'inizio sembrava alleviare quel senso di isolamento, divenne un simbolo del suo disagio. Ogni tiro la faceva sentire più intrappolata in una routine di cui non riusciva a liberarsi. Alessia sapeva che non era solo una questione di dipendenza fisica: il fumo era diventato il modo in cui affrontava la solitudine e la mancanza di connessione umana.

La decisione di smettere

La consapevolezza che il fumo non stava risolvendo il suo problema, ma lo stava peggiorando, iniziò a farsi strada. Alessia si rese conto che, se avesse voluto veramente affrontare la sua solitudine, avrebbe dovuto smettere di nascondersi dietro la sigaretta e trovare modi più sani per riconnettersi con sé stessa e con gli altri.

Decise di smettere, ma sapeva che la sfida non sarebbe stata facile. Il fumo non era solo un'abitudine, ma un rituale che riempiva i momenti vuoti della sua giornata. La sua prima sfida fu affrontare il silenzio che seguì la decisione di non accendere più una sigaretta. Per la prima volta in anni, si trovò a dover affrontare le sue emozioni senza il "filtro" del fumo.

Riconnettersi con sé stessa

In quei primi giorni senza sigarette, Alessia si sentì vulnerabile e disorientata. Ma, allo stesso tempo, iniziò a scoprire qualcosa di nuovo: un crescente desiderio di prendersi cura di sé stessa in modo più profondo. Decise di esplorare attività che potessero darle un senso di connessione interiore. Scoprì la meditazione, che all'inizio trovò difficile, ma che col tempo le offrì una nuova forma di sollievo. La respirazione consapevole e i momenti di calma la aiutarono a gestire la sensazione di solitudine senza bisogno di rifugiarsi nel fumo.

Alessia si rese conto che il vero problema non era solo il fumo, ma il modo in cui aveva usato la sigaretta per evitare di affrontare le sue emozioni.

Ogni volta che accendeva una sigaretta, stava evitando di guardarsi dentro. Ora, senza quella distrazione, era costretta a confrontarsi con i suoi pensieri, le sue paure e le sue insicurezze. Ma, invece di spaventarla, questa nuova consapevolezza la riempì di una forza che non sapeva di avere.

Cercare nuove connessioni

Oltre a lavorare su sé stessa, Alessia decise che doveva rompere il ciclo della solitudine. Cominciò a cercare modi per connettersi con gli altri, anche se inizialmente questo la metteva a disagio. Iscriversi a un corso di yoga fu uno dei primi passi. Non era solo un modo per prendersi cura del suo corpo, ma anche per uscire dalla sua zona di comfort e incontrare persone con cui condividere un'esperienza.

Nonostante la sua natura riservata, Alessia iniziò a partecipare a eventi sociali e a gruppi locali di lettura. All'inizio, si sentiva estranea in quei contesti, come se le persone intorno a lei fossero più sicure e a proprio agio. Ma col tempo scoprì che molti di loro affrontavano le stesse difficoltà: la solitudine, l'ansia e la difficoltà a trovare un senso di appartenenza.

La forza della vulnerabilità

Partecipare a questi incontri le insegnò una lezione importante: non era sola nelle sue lotte. Parlando con altre persone che avevano vissuto esperienze simili, Alessia trovò un senso di comunità che non aveva mai sperimentato prima. Imparò che la vulnerabilità, che aveva sempre cercato di nascondere dietro la sigaretta, poteva essere una forza. Essere aperta e sincera su ciò che provava non la rendeva debole, ma più forte.

In uno dei gruppi di meditazione che frequentava, Alessia conobbe Laura, una donna che aveva anch'essa smesso di fumare di recente. Condivisero le loro storie e scoprirono che avevano molto in comune. Da quel momento, le due iniziarono a vedersi regolarmente e a sostenersi a vicenda nel loro percorso verso una vita senza fumo. Questa nuova amicizia divenne per Alessia una fonte di conforto e ispirazione, una dimostrazione che la connessione autentica con gli altri era possibile, anche senza il bisogno di una sigaretta.

Riscoprire la libertà

Col passare dei mesi, Alessia si accorse di quanto fosse cambiata. Non solo aveva smesso di fumare, ma aveva anche trovato un modo nuovo di vivere la sua solitudine. Non la vedeva più come un nemico, ma come un'opportunità per esplorare sé stessa e costruire relazioni più significative. Era riuscita a trasformare la sua esperienza di isolamento in un percorso di crescita interiore.

Nonostante la strada fosse ancora lunga, Alessia sapeva di aver compiuto un passo decisivo. Aveva smesso di nascondersi dietro il fumo e aveva imparato a convivere con sé stessa in modo più autentico. Ora, ogni giorno senza sigarette non era solo un segno della sua forza di volontà, ma una dimostrazione del fatto che aveva trovato nuovi modi per affrontare le sue sfide, senza rifugiarsi nella dipendenza.

Capitolo 5: Lorenzo - Un futuro più luminoso

Per Lorenzo, smettere di fumare non fu solo una questione di salute fisica, ma una decisione che trasformò profondamente il suo modo di affrontare la vita e, soprattutto, il lavoro. Dopo anni di abitudine al fumo, si rese conto che la sigaretta non era solo un piacere momentaneo, ma una vera e propria interruzione della sua produttività e concentrazione. Ogni pausa per fumare, ogni pensiero rivolto alla prossima sigaretta lo distraeva, lo faceva sentire meno efficace. Col tempo, questa consapevolezza si trasformò nella spinta decisiva per abbandonare una volta per tutte il fumo.

Il desiderio di miglioramento personale

Lorenzo era sempre stato un uomo ambizioso e determinato, ma negli ultimi anni aveva notato che la sua dipendenza dal fumo aveva compromesso il suo rendimento. Le pause frequenti, l'ansia di non avere abbastanza sigarette, e la stanchezza crescente influivano sulla sua capacità di mantenere un livello di produttività costante. La decisione di smettere di fumare nacque, in parte, da una riflessione su come volesse affrontare il proprio futuro lavorativo. Sapeva che, per realizzare i suoi obiettivi, doveva essere più concentrato e presente.

Smettere di fumare divenne, quindi, per Lorenzo un modo per rimettere in ordine le sue priorità. Non era solo una questione di salute fisica, ma una vera e propria sfida personale per migliorarsi. Voleva ritrovare il focus e l'efficienza che il fumo gli aveva lentamente sottratto.

Le prime difficoltà: una nuova concentrazione

I primi giorni senza sigarette furono difficili, ma Lorenzo si accorse subito di un cambiamento positivo. La sua mente, inizialmente irrequieta, iniziò a liberarsi dalle continue distrazioni legate al fumo. Non doveva più interrompere il lavoro per fare una pausa sigaretta, non aveva più l'ansia di finire il pacchetto o di dover uscire per comprarne un altro. Questo semplice fatto, col passare del tempo, lo rese più lucido, più presente e più focalizzato sui suoi obiettivi.

La sua produttività aumentò notevolmente. Lorenzo riusciva a completare i compiti più velocemente, e senza le pause frequenti legate al fumo, il suo flusso di lavoro era più continuo e senza interruzioni. Questa nuova efficienza lo motivò a mantenere il suo impegno a smettere. Ogni giorno che passava senza fumare era un giorno in cui sentiva di essere più padrone della sua vita e del suo tempo.

La rinascita della carriera

Uno dei benefici maggiori che Lorenzo riscontrò dopo aver smesso di fumare fu il miglioramento della sua carriera. Prima di smettere, sentiva spesso che le pause per il fumo lo facevano perdere tempo prezioso e che la sua energia diminuiva a fine giornata. Ora, con una mente più lucida e un corpo più energico, riusciva a dedicare più attenzione e tempo ai progetti che lo appassionavano.

Decise di intraprendere nuovi corsi di aggiornamento professionale, qualcosa che aveva rimandato per anni. La determinazione che aveva messo nello smettere di fumare si riversò anche nella sua carriera: Lorenzo iniziò a lavorare su progetti più ambiziosi, a proporsi per ruoli che

prima gli sembravano troppo impegnativi, e a
prendere decisioni più strategiche per il suo futuro
lavorativo. Smise di vedere il fumo come un rifugio
o una pausa necessaria e iniziò a considerare il suo
tempo libero come un'opportunità per investire su
sé stesso.

Gestire lo stress in modo più consapevole

Uno dei motivi per cui Lorenzo aveva continuato a
fumare per così tanti anni era la convinzione che la
sigaretta lo aiutasse a gestire lo stress. Tuttavia,
una volta smesso, si rese conto che il fumo non era
mai stata una vera soluzione ai suoi problemi. Al
contrario, spesso si trovava più ansioso e meno
capace di affrontare le situazioni difficili dopo una
sigaretta.

Dopo aver smesso, dovette imparare a gestire lo
stress in modo diverso. Al posto delle pause
sigaretta, Lorenzo iniziò a usare tecniche di
gestione del tempo e di mindfulness per affrontare
le sfide quotidiane. Organizzava meglio le sue
giornate, programmando brevi momenti di pausa
in cui poteva riflettere senza bisogno di fumare.
Scoprì che, semplicemente fermandosi per
respirare profondamente o per fare una breve
camminata, riusciva a scaricare la tensione molto
più efficacemente di quanto facesse con una
sigaretta.

Questa nuova capacità di gestione dello stress ebbe un impatto diretto anche sulla sua vita personale. Le serate erano meno dominate dall'ansia accumulata durante il giorno, e il tempo libero diventò un'occasione per rilassarsi davvero, senza la costante distrazione del desiderio di fumare.

La visione di un futuro più luminoso

Con il passare dei mesi, Lorenzo si accorse che smettere di fumare aveva dato una nuova direzione non solo alla sua carriera, ma anche alla sua vita in generale. La sua visione del futuro era cambiata: ora vedeva davanti a sé nuove possibilità e opportunità che prima non aveva considerato. Aveva riacquistato la fiducia nelle proprie capacità e sapeva che ogni obiettivo era più raggiungibile senza la distrazione del fumo.

In particolare, iniziò a pianificare nuovi progetti lavorativi a lungo termine, sapendo di avere la concentrazione e la determinazione necessarie per portarli a termine. Smettere di fumare non gli aveva solo dato energia fisica, ma anche una nuova prospettiva mentale. Si sentiva più sicuro di sé, più capace di affrontare le sfide con chiarezza e senza il bisogno di rifugiarsi nella dipendenza.

Conclusione

Ora che il fumo apparteneva al passato, Lorenzo vedeva il futuro con occhi diversi. Ogni giorno senza sigarette non era solo un successo personale, ma anche un passo avanti verso una vita più piena e soddisfacente. La carriera, le relazioni e il benessere mentale erano tutti migliorati grazie a questa scelta. Lorenzo sapeva che il suo percorso era solo all'inizio, ma era pronto a costruire un futuro più luminoso, con nuove ambizioni e nuove sfide da affrontare.

Capitolo 6: Filippo - Il potere della comunità

Filippo, a differenza di molti altri che lottano con la dipendenza dal fumo, non era mai stato una persona solitaria. Aveva una vita sociale attiva e tanti amici, ma questo non lo aveva mai aiutato a liberarsi dalle catene del fumo. Anzi, le sue relazioni sociali erano spesso legate a momenti condivisi davanti a una sigaretta, e questo rendeva ancora più difficile immaginare la sua vita senza di essa.

La solitudine del tentativo individuale

Per anni, Filippo aveva provato a smettere di fumare da solo, convinto che fosse solo una questione di forza di volontà. Ogni volta che falliva, il senso di frustrazione aumentava. Si diceva che, con la giusta determinazione, avrebbe potuto farcela senza bisogno di aiuti esterni. Tuttavia, col tempo, si rese conto che quel tentativo di isolarsi e affrontare la sfida da solo stava solo peggiorando la situazione. Più cercava di smettere in solitudine, più si sentiva intrappolato.

Fu solo quando cominciò a condividere la sua esperienza con altre persone che si accorse di quanto fosse importante non affrontare questa battaglia da solo. Parlando apertamente con amici e colleghi, scoprì che molti di loro avevano vissuto o stavano vivendo le stesse difficoltà. Questa scoperta lo portò a un cambiamento radicale: decise di cercare il supporto di una comunità di ex-fumatori, per capire se il potere del gruppo potesse davvero fare la differenza.

L'incontro con il gruppo di supporto

Filippo si iscrisse a un gruppo di supporto locale, dove trovò persone di ogni età e provenienza, ognuna con la propria storia di lotta contro il fumo. All'inizio, si sentiva a disagio nel condividere i suoi fallimenti con estranei, ma col tempo scoprì che parlare apertamente della sua esperienza era una forma di liberazione. Nel gruppo, nessuno lo giudicava, e ognuno era lì per sostenersi a vicenda.

Ogni incontro del gruppo era un'occasione per condividere successi e fallimenti, paure e speranze. Ascoltando le storie degli altri, Filippo si rese conto che le sue sfide non erano uniche, e questo lo aiutò a vedere la sua dipendenza sotto una luce diversa. Ogni storia che ascoltava lo rafforzava, gli ricordava che il cammino per smettere di fumare non era lineare, ma che, con il sostegno giusto, era possibile arrivare fino in fondo.

Il valore della responsabilità condivisa

Una delle lezioni più preziose che Filippo imparò dal gruppo fu l'importanza della responsabilità condivisa. Smettere di fumare era una scelta individuale, ma il processo poteva essere rafforzato dalla presenza di altri che condividevano lo stesso obiettivo. Il gruppo offriva non solo un luogo sicuro per parlare delle difficoltà, ma anche uno spazio dove celebrare i successi, grandi e piccoli.

Filippo trovò particolarmente utile avere dei "compagni di viaggio" con cui condividere i progressi. Stabilirono delle piccole sfide settimanali, come ridurre il numero di sigarette o evitare di fumare in determinati contesti. Il supporto reciproco era fondamentale: sapere che c'erano altre persone che contavano su di lui per mantenere i propri impegni lo motivava a non cedere. Non voleva deludere i suoi nuovi amici del gruppo, e questa dinamica lo spinse a fare più di quanto avrebbe mai fatto da solo.

Il supporto emotivo

Un altro aspetto cruciale che Filippo scoprì nel gruppo era l'importanza del supporto emotivo. Molte delle persone che incontrava lì non solo lottavano contro la dipendenza fisica dal fumo, ma anche contro l'ansia, la depressione e altre difficoltà emotive che il fumo aveva mascherato per anni. Parlando apertamente delle sue paure e insicurezze, Filippo trovò sollievo nel sapere che non era l'unico a sentirsi vulnerabile.

Con il tempo, Filippo non era più solo un partecipante passivo del gruppo, ma divenne una figura di riferimento per gli altri. Ascoltava con attenzione le storie degli altri membri e offriva consigli basati sulla propria esperienza. Il gruppo non era più solo un luogo di aiuto, ma era diventato una comunità dove poteva dare e ricevere sostegno in egual misura.

Creare una rete di supporto fuori dal gruppo

Oltre agli incontri settimanali, Filippo iniziò a costruire una rete di supporto più ampia anche nella sua vita quotidiana. Decise di coinvolgere amici e familiari nel suo percorso di disintossicazione dal fumo. Spiegò loro quanto fosse importante per lui smettere e chiese il loro aiuto per evitare tentazioni e ricadute.

Il coinvolgimento degli amici non fu solo di tipo pratico – evitare di fumare in sua presenza, per esempio – ma anche emotivo. Filippo scoprì che avere persone vicino a lui che conoscevano la sua lotta lo faceva sentire meno solo. La comunità non era più limitata al gruppo di supporto, ma si estendeva a tutte le persone a lui vicine. Questo rafforzava la sua determinazione e gli ricordava che smettere di fumare era una decisione che avrebbe avuto un impatto positivo non solo su di lui, ma anche su coloro che gli stavano accanto.

Il potere della comunità

Col passare del tempo, Filippo si rese conto che uno degli aspetti più potenti del suo percorso di disintossicazione era proprio il sostegno della comunità. Nonostante le difficoltà e i momenti di tentazione, sapeva di non essere solo in quella lotta. Ogni volta che sentiva il bisogno di una sigaretta, poteva contare sul gruppo per ottenere consigli e sostegno.

La comunità non solo gli aveva fornito gli strumenti per smettere, ma gli aveva anche dato una nuova prospettiva sulla sua dipendenza. Aveva imparato che smettere di fumare non era solo una questione di forza di volontà individuale, ma un processo collettivo, in cui il supporto e la connessione con gli altri giocavano un ruolo fondamentale.

Un nuovo inizio

Con il passare dei mesi, Filippo cominciò a vedere
il fumo come qualcosa che apparteneva al passato.
Non si trattava solo di smettere di fumare, ma di
costruire una nuova vita, basata su connessioni più
autentiche e una consapevolezza più profonda del
proprio valore. La comunità che aveva trovato nel
gruppo di supporto gli aveva dato la forza di fare
quel passo in avanti, e lui era grato di aver
condiviso il suo percorso con persone che
capivano veramente cosa significasse lottare
contro una dipendenza.

Filippo aveva imparato che, a volte, il vero
cambiamento non avviene in solitudine, ma con
l'aiuto degli altri. La sua decisione di unirsi a una
comunità di ex-fumatori era stata il punto di svolta
del suo percorso, e ora sapeva che qualsiasi
difficoltà avrebbe affrontato in futuro, non
l'avrebbe mai più affrontata da solo.

Capitolo 7: Serena - Strategie alternative e risorse per smettere

Serena ha sempre cercato di essere una persona
equilibrata, tanto che, quando iniziò a fumare, lo
fece con l'idea che avrebbe saputo mantenere il
controllo. Era una persona molto riflessiva,
appassionata di tecniche di rilassamento e

meditazione, ma la sigaretta era diventata, col tempo, una sorta di strumento di equilibrio per gestire i momenti di ansia. Quando decise di smettere di fumare, si rese conto che i soliti metodi non erano sufficienti. Doveva esplorare qualcosa di nuovo, qualcosa che le permettesse di affrontare la dipendenza senza ricadere nelle abitudini passate.

Il bisogno di un approccio diverso

Per Serena, la dipendenza dal fumo non era solo fisica, ma profondamente mentale. La sigaretta rappresentava un punto di fuga dalle emozioni e dalle tensioni della vita quotidiana. Era convinta che non avrebbe potuto smettere semplicemente eliminando la sigaretta: doveva affrontare i meccanismi mentali che la portavano a desiderarla. Decise, quindi, di esplorare approcci alternativi, mettendo in pratica tecniche che potessero rafforzare la sua mente e aiutarla a mantenere il controllo sui suoi impulsi.

La scoperta della mindfulness

La prima strategia che Serena decise di approfondire fu la mindfulness, una pratica di consapevolezza che aveva sperimentato anni prima durante un corso di meditazione. La mindfulness, che si basa sull'essere presenti nel momento senza giudizio, le offriva un modo per osservare il desiderio di fumare senza agire su di esso. Ogni volta che sentiva la voglia di accendere una sigaretta, si fermava, chiudeva gli occhi, e si concentrava sul respiro. Imparò a identificare quei momenti critici come opportunità per diventare più consapevole delle sue emozioni, invece di lasciarsi trascinare dal desiderio.

Attraverso la pratica quotidiana, Serena riuscì a cambiare il suo modo di pensare al fumo. Non lo vedeva più come un "bisogno" irrinunciabile, ma come un'abitudine che emergeva quando si sentiva stressata o emotivamente fragile. La mindfulness la aiutò a riconoscere quei momenti e a prendersi una pausa per riflettere, piuttosto che reagire impulsivamente. Serena iniziò a considerare la sigaretta come un sintomo di un malessere più profondo, e la mindfulness divenne uno strumento chiave per affrontare quei malesseri senza ricorrere al fumo.

La respirazione come strumento di calma

Oltre alla mindfulness, Serena scoprì il potere della respirazione consapevole come tecnica per affrontare i momenti di desiderio più intensi. Durante la sua pratica di meditazione, aveva imparato vari esercizi di respirazione che potevano calmare il corpo e la mente. Decise di adattarli al suo percorso di disintossicazione dal fumo. Ogni volta che si sentiva sopraffatta dal bisogno di fumare, si concentrava sulla respirazione diaframmatica, un tipo di respirazione profonda che attiva il sistema nervoso parasimpatico, inducendo uno stato di calma.

Con il tempo, Serena scoprì che l'atto di respirare profondamente, con consapevolezza, non solo le permetteva di gestire l'impulso di fumare, ma anche di rilasciare la tensione accumulata durante la giornata. Questo metodo si rivelò estremamente efficace nei momenti di ansia, quando la sigaretta sembrava l'unico rimedio. Riuscì a sostituire il bisogno fisico del fumo con un processo che le restituiva una sensazione di controllo e serenità.

Affrontare il cambiamento con tecniche cognitive

Serena non si limitò alle tecniche di mindfulness e respirazione, ma esplorò anche approcci cognitivi per comprendere e trasformare le sue abitudini mentali. In particolare, si avvicinò alla Cognitive Behavioral Therapy (CBT), un approccio psicologico che si basa sull'identificazione e la modifica di schemi di pensiero negativi che influenzano i comportamenti.

Attraverso la CBT, Serena imparò a riconoscere i "pensieri automatici" che la portavano a desiderare il fumo. Spesso si trattava di pensieri come: "Non riuscirò mai a smettere" o "Una sigaretta non farà la differenza". Questi pensieri negativi influenzavano le sue decisioni e alimentavano la dipendenza. Lavorando su sé stessa, iniziò a sostituire questi pensieri con affermazioni positive e realistiche, come: "Posso gestire lo stress senza fumare" e "Ogni giorno senza sigarette mi rende più forte".

La CBT si dimostrò un alleato potente. Non solo le permise di cambiare il modo in cui percepiva il fumo, ma la aiutò a sviluppare una maggiore fiducia in sé stessa e nelle sue capacità di superare le sfide. La sua mente, che un tempo la ingannava facendole credere che il fumo fosse una soluzione, iniziò a diventare il suo più grande alleato.

Nuove abitudini mentali e fisiche

Oltre alle strategie mentali, Serena decise di coltivare abitudini fisiche che potessero sostenere il suo nuovo stile di vita senza fumo. Si rese conto che, per mantenere il cambiamento a lungo termine, doveva integrare queste nuove pratiche nella sua vita quotidiana. Così, oltre alla meditazione e alla respirazione, Serena iniziò a praticare lo yoga, una disciplina che combinava movimento, respirazione e consapevolezza. Lo yoga non solo la aiutò a gestire lo stress, ma rafforzò anche la sua capacità di concentrarsi sul presente e di vivere in modo più equilibrato.

Questa combinazione di approcci – mindfulness, respirazione, CBT e yoga – trasformò radicalmente la sua esperienza di smettere di fumare. Serena non vedeva più la sigaretta come un conforto, ma come un ostacolo alla sua piena realizzazione. Ogni giorno senza fumo divenne una celebrazione della sua capacità di essere presente e di scegliere consapevolmente il benessere.

La scoperta di un nuovo equilibrio

Man mano che Serena approfondiva queste strategie scoprì che smettere di fumare aveva aperto la porta a un nuovo livello di consapevolezza e di equilibrio personale. Non solo era riuscita a liberarsi dal fumo, ma aveva anche sviluppato un senso di pace interiore che non aveva mai sperimentato prima. La sigaretta non era più una distrazione, e il suo approccio al cambiamento era diventato parte integrante della sua crescita personale.

Questa esperienza la spinse a condividere ciò che aveva imparato con altre persone. Serena cominciò a condurre piccoli workshop di mindfulness e yoga per aiutare altre persone che volevano smettere di fumare, trasmettendo loro le tecniche che l'avevano aiutata nel suo percorso. Per lei, smettere di fumare non era solo un successo personale, ma anche un'opportunità per

connettersi con gli altri e condividere la sua
esperienza.

Conclusione

Per Serena, smettere di fumare non era solo una
questione di volontà, ma un percorso di
trasformazione che la portò a scoprire risorse
interiori che non sapeva di possedere. Attraverso
l'uso di strategie alternative, come la mindfulness,
la respirazione e la CBT, Serena non solo smise di
fumare, ma riuscì a cambiare profondamente la
sua relazione con sé stessa e con le sue abitudini.
La sigaretta era ormai un ricordo lontano,
sostituita da un nuovo equilibrio mentale e fisico
che la accompagnava ogni giorno.

Capitolo 8: Giada - Il supporto digitale per smettere
di fumare

Giada è sempre stata una persona estremamente
pragmatica, abituata a cercare soluzioni concrete e
pratiche ai problemi che affrontava. Quando prese
la decisione di smettere di fumare, cercava
qualcosa che le desse un controllo chiaro e preciso
sui suoi progressi. Non era incline a frequentare
gruppi di supporto, né a seguire pratiche di
meditazione, ma sapeva che non avrebbe potuto
farcela da sola. La sua risposta alla sfida del fumo
fu una soluzione moderna: le risorse digitali.

Cercare aiuto nella tecnologia

Giada lavorava nel settore della tecnologia, e per
lei era naturale cercare una soluzione digitale per
affrontare il suo problema di dipendenza. Le
piaceva l'idea di avere un sistema che potesse
monitorare i suoi progressi, ricordarle le sue
motivazioni e fornirle un supporto costante, senza
dover dipendere dagli altri. Così, decise di
esplorare il mondo delle app progettate per
aiutare le persone a smettere di fumare.

Dopo alcune ricerche, Giada scaricò un'app che
prometteva di accompagnarla passo dopo passo
nel suo percorso. L'applicazione le permetteva di
impostare obiettivi giornalieri, monitorare i giorni
senza fumo, e calcolare quanto denaro risparmiava
smettendo di fumare. Ogni mattina, l'app le inviava
messaggi motivazionali, ricordandole i benefici
della sua decisione e incoraggiandola a proseguire.

Monitorare i progressi

Una delle caratteristiche che Giada trovava più
utili era la possibilità di monitorare i suoi
progressi in tempo reale. Ogni giorno, poteva
vedere quanti giorni erano passati da quando
aveva smesso di fumare, quanto aveva risparmiato
e quanto la sua salute stava migliorando. Ogni
volta che sentiva la tentazione di accendere una
sigaretta, apriva l'app e guardava i numeri: il

conteggio dei giorni, il denaro accumulato e le calorie risparmiate erano una fonte di orgoglio che la spingeva a non cedere.

Giada scoprì che visualizzare i suoi progressi in modo tangibile la aiutava a rimanere motivata. Non era solo una questione di volontà, ma di risultati concreti che poteva misurare e toccare con mano. Ogni piccolo traguardo che raggiungeva le ricordava che stava facendo la scelta giusta e che ogni giorno senza sigarette era una vittoria.

Supporto virtuale e comunità online

Oltre al monitoraggio dei progressi, l'app offriva anche l'accesso a una comunità virtuale di persone che stavano affrontando la stessa sfida. Giada, che inizialmente non voleva condividere la sua esperienza con altri, si trovò piacevolmente sorpresa dall'energia positiva che proveniva da quei gruppi online. Le discussioni erano piene di consigli pratici, esperienze di successo e messaggi di incoraggiamento.

Inoltre, l'app permetteva di partecipare a sfide settimanali insieme ad altri utenti, come ridurre il numero di sigarette o superare determinati obiettivi senza fumare. Questo aspetto "social" fu una scoperta inaspettata per Giada, che cominciò a interagire con altre persone che si trovavano nella sua stessa situazione. Sebbene fossero solo interazioni virtuali, quelle connessioni le diedero un senso di appartenenza che la motivava ulteriormente.

Le storie degli altri utenti la ispiravano e le ricordavano che, nonostante il percorso fosse difficile, non era sola. Il supporto digitale si trasformò in una forma di sostegno emotivo, con messaggi di incoraggiamento che arrivavano ogni volta che qualcuno superava un traguardo o condivideva una sfida superata.

Affrontare la tentazione con il supporto dell'intelligenza artificiale

Un'altra funzionalità che Giada trovò estremamente utile fu il sistema di intelligenza artificiale integrato nell'app, progettato per offrire supporto personalizzato. Quando segnalava di sentirsi tentata, l'app le suggeriva tecniche specifiche per affrontare quel momento di crisi: esercizi di respirazione, distrazioni o brevi meditazioni. Le suggeriva anche articoli o brevi letture su come gestire l'impulso di fumare, aiutandola a razionalizzare il desiderio e a superarlo.

L'intelligenza artificiale adattava le notifiche e i suggerimenti in base ai progressi di Giada, monitorando le sue abitudini e identificando i momenti più difficili della giornata. Questo approccio personalizzato la fece sentire come se avesse un coach digitale sempre disponibile, pronto a intervenire nei momenti di bisogno. Questo tipo di supporto immediato era esattamente ciò che cercava: pratico, discreto e sempre disponibile.

La trasformazione attraverso l'innovazione

Man mano che i giorni passavano, Giada si rese conto che la tecnologia le aveva fornito un aiuto prezioso nel suo percorso. Ogni volta che si sentiva incerta o scoraggiata, poteva contare sull'app per monitorare i suoi progressi, trovare nuove motivazioni e ricevere consigli su come affrontare le difficoltà. Inoltre, il riscontro positivo che riceveva dalla comunità online la faceva sentire parte di qualcosa di più grande, senza dover partecipare fisicamente a incontri o gruppi di supporto.

Col passare del tempo, Giada iniziò a sentirsi più sicura. Il fumo, che un tempo sembrava un'abitudine insostituibile, diventava sempre più una parte del passato. L'idea di accendere una sigaretta le sembrava meno attraente, perché sapeva che l'app l'avrebbe guidata attraverso quei momenti di debolezza. Ogni volta che un nuovo traguardo veniva raggiunto, era come una piccola vittoria personale.

Un nuovo approccio alla vita

Grazie al supporto digitale, Giada riuscì a costruire una routine che non solo la liberò dal fumo, ma le diede anche un nuovo approccio alla gestione della sua vita quotidiana. L'esperienza di monitorare i suoi progressi e di ricevere costanti incoraggiamenti le diede una nuova consapevolezza. Capì che smettere di fumare non era solo una questione di volontà, ma di costruire una serie di abitudini positive che potevano essere potenziate con gli strumenti giusti.

Ora, Giada guardava al futuro con ottimismo. Aveva imparato che la tecnologia, spesso criticata per isolare le persone, poteva invece diventare un potente alleato nel processo di crescita personale e di superamento delle difficoltà. Smettere di fumare non era stato facile, ma con il supporto digitale, aveva trovato una strada che le si adattava perfettamente.

Capitolo 9: Elisa - Smettere di fumare attraverso la scrittura terapeutica

Elisa ha sempre trovato difficile esprimere le proprie emozioni. Sin da bambina, aveva imparato a nascondere le sue paure e le sue insicurezze dietro un'apparenza calma e riservata. Quando iniziò a fumare, lo fece come tanti: per sentirsi parte di un gruppo, per affrontare lo stress, per dare una pausa alla mente. Con il passare del tempo, però, la sigaretta divenne per lei una sorta di scudo, un rifugio sicuro dove nascondere emozioni che non riusciva a esprimere.

Il fumo come scudo emotivo

Per Elisa, il fumo non era solo una dipendenza fisica, ma una forma di difesa contro le emozioni. Ogni volta che si sentiva sopraffatta dall'ansia o dalla tristezza, accendeva una sigaretta e il mondo sembrava improvvisamente più gestibile. Tuttavia, con il passare degli anni, si rese conto che la sigaretta non stava risolvendo i suoi problemi, ma li stava solo nascondendo. Sotto la superficie, le sue emozioni continuavano a crescere, e il fumo non faceva che alimentare una sensazione di isolamento.

Quando Elisa decise di smettere di fumare, capì subito che avrebbe dovuto affrontare non solo la dipendenza fisica, ma anche la gestione delle sue emozioni. Senza la sigaretta, tutte quelle sensazioni represse per anni sarebbero emerse, e lei doveva trovare un modo per elaborarle senza ricorrere al fumo.

La scoperta della scrittura terapeutica

Un giorno, per caso, Elisa si imbatté in un articolo sulla scrittura terapeutica. Era sempre stata una persona che trovava conforto nelle parole scritte, ma non aveva mai pensato di usare la scrittura come un vero e proprio strumento per affrontare le sue emozioni. Decise di provarci. Iniziò a tenere un diario in cui annotava ogni pensiero, ogni sensazione che provava nel suo percorso verso una vita senza fumo.

All'inizio, la scrittura era disordinata, caotica, piena di frustrazione. Ma man mano che passavano i giorni, Elisa si accorse che mettere su carta le sue emozioni le dava una sorta di sollievo. Scrivere di come si sentiva le permetteva di dare un nome alle emozioni che per tanto tempo aveva nascosto. Rabbia, paura, ansia – tutto veniva riversato su quelle pagine, e nel farlo, Elisa iniziava a sentirsi più leggera.

Trasformare le emozioni in parole

La scrittura divenne per Elisa un rifugio sicuro. Ogni volta che sentiva la tentazione di accendere una sigaretta, prendeva il suo diario e scriveva. A volte descriveva la voglia di fumare, altre volte rifletteva su cosa l'avesse scatenata. Si rese conto che dietro ogni desiderio di accendere una sigaretta c'era un'emozione non affrontata: lo stress del lavoro, la solitudine, la nostalgia per il passato. Scrivendo, riusciva a comprendere meglio quei sentimenti e a non lasciarsi sopraffare da essi.

La scrittura non solo la aiutava a gestire la voglia di fumare, ma la portava anche a riflettere su aspetti della sua vita che aveva sempre trascurato. Cominciò a scrivere lettere a sé stessa, raccontando le sue paure, i suoi sogni e le sue speranze. Scoprì che scrivere le dava la possibilità di elaborare emozioni che non avrebbe mai saputo esprimere a voce.

Il potere della riflessione

Con il passare del tempo, il diario di Elisa non era più solo un modo per affrontare la voglia di fumare, ma divenne uno strumento di riflessione personale. Ogni settimana si prendeva del tempo per rileggere ciò che aveva scritto e osservare i suoi progressi. Notava che, man mano che passavano i giorni senza sigarette, le sue emozioni diventavano più chiare, più gestibili. Cominciava a comprendere i meccanismi che la spingevano a fumare e, di conseguenza, a trovare modi più sani per affrontare le sue difficoltà emotive.

Elisa si rese conto che smettere di fumare non era solo una sfida fisica, ma un'opportunità per lavorare su sé stessa in modo più profondo. La sigaretta aveva sempre mascherato le sue insicurezze, ma ora, senza quel velo, poteva finalmente affrontarle e superarle. Ogni pagina del suo diario rappresentava un piccolo passo verso una maggiore consapevolezza e una vita più autentica.

La scrittura come strumento di guarigione

Elisa continuò a usare la scrittura non solo per gestire la sua dipendenza, ma anche per esplorare il suo passato e costruire il suo futuro. Rifletteva su come il fumo fosse diventato una parte della sua vita, sui momenti in cui si era affidata alla sigaretta invece di affrontare le sue emozioni. Questo percorso di introspezione la portò a una nuova consapevolezza: smettere di fumare era solo l'inizio di una trasformazione più grande, che la portava a riconoscere i suoi bisogni emotivi e a prendersi cura di sé stessa in modo più autentico.

Col passare dei mesi, Elisa iniziò a scrivere anche racconti brevi e poesie, utilizzando la scrittura come un modo per esplorare le sue emozioni più profonde. Scoprì che scrivere non solo le dava un senso di controllo sulla sua vita, ma le permetteva anche di esprimere quella creatività che per troppo tempo aveva represso. La scrittura divenne uno strumento di guarigione, che la accompagnava nel suo cammino verso una vita libera dal fumo.

Conclusione

Per Elisa, smettere di fumare non fu solo un cambiamento fisico, ma una trasformazione interiore. Attraverso la scrittura terapeutica, riuscì a dare voce alle sue emozioni e a trovare un modo per affrontarle senza ricorrere alla sigaretta. La scrittura diventò il suo strumento di liberazione, una via per esplorare sé stessa e per costruire una vita più autentica e consapevole. Ogni parola scritta rappresentava un passo in più verso la libertà, non solo dal fumo, ma dalle catene emotive che l'avevano tenuta intrappolata per anni.

Capitolo 10: Tommaso - L'attività fisica come nuova motivazione

Tommaso era sempre stato un uomo attivo e dinamico. Nella sua giovinezza aveva praticato diversi sport, ma col passare degli anni, e soprattutto con l'abitudine al fumo, aveva visto il suo livello di energia diminuire gradualmente. Ogni sigaretta lo allontanava sempre più dalla vita sportiva che aveva amato tanto, fino a farlo sentire intrappolato in un corpo che non rispondeva più come un tempo. La fatica nel respirare, le frequenti pause per fumare e la mancanza di resistenza fisica avevano trasformato la sua passione per lo sport in un lontano ricordo.

La decisione di ritrovare sé stesso

Un giorno, durante una corsa con un vecchio amico, Tommaso si rese conto di quanto il fumo avesse compromesso la sua forma fisica. Dopo

pochi minuti di corsa, si sentiva già esausto, il fiato
corto e il desiderio di fermarsi per una sigaretta
erano più forti di lui. Fu in quel momento che
decise di smettere di fumare. Non voleva più
sentirsi limitato da un'abitudine che gli stava
togliendo la cosa che amava di più: la libertà di
muoversi e di allenarsi.

Tommaso capì che, per riuscire a smettere,
avrebbe dovuto trovare una nuova motivazione,
qualcosa che lo spingesse a superare le tentazioni
e a ritrovare la sua energia. Decise di riprendere
l'attività fisica, ma questa volta con un obiettivo
preciso: usare lo sport non solo come una
distrazione dal fumo, ma come una vera e propria
rinascita fisica.

La sfida dell'allenamento

I primi giorni senza sigarette furono difficili. Il suo
corpo, abituato alla nicotina, reagì con stanchezza
e irritabilità. Ma Tommaso era determinato a non
mollare. Decise di iscriversi a una palestra e di
iniziare un programma di allenamento intensivo.
Voleva tornare a sentirsi forte, in controllo del
proprio corpo, e lo sport sembrava essere l'unica
via per recuperare quella sensazione di potere
fisico che il fumo gli aveva tolto.

Il primo mese fu una vera sfida. Ogni esercizio
sembrava più faticoso di quanto ricordasse, e la

voglia di fumare si presentava spesso durante gli allenamenti. Ma, man mano che passavano le settimane, Tommaso notava piccoli miglioramenti. La sua resistenza cresceva, e ogni volta che completava una sessione di allenamento senza sentire il bisogno di una sigaretta, si sentiva sempre più motivato a continuare.

Trasformare la fatica in forza

Tommaso scoprì che l'allenamento fisico non era solo un modo per liberarsi dal fumo, ma un'opportunità per trasformare la sua fatica in forza. Ogni volta che la voglia di accendere una sigaretta lo colpiva, usciva per una corsa o si immergeva in una sessione di pesi. La fatica fisica divenne per lui una forma di liberazione, un modo per incanalare l'energia negativa e trasformarla in qualcosa di costruttivo.

Col passare del tempo, l'attività fisica non era più solo un mezzo per evitare il fumo, ma una passione ritrovata. Tommaso si iscrisse a una maratona locale, un traguardo che sembrava impossibile pochi mesi prima. Ora, senza le sigarette che rallentavano il suo corpo, riusciva a spingersi oltre i suoi limiti. Ogni chilometro percorso rappresentava una vittoria contro la dipendenza.

L'attività fisica come nuova identità

Uno degli aspetti più sorprendenti per Tommaso fu come l'allenamento intensivo avesse trasformato la sua identità. Prima, si identificava come un fumatore, una persona che non poteva affrontare una giornata senza accendere una sigaretta. Ora, invece, si vedeva come un atleta. Il fumo, che un tempo sembrava parte integrante della sua vita, era diventato un ricordo lontano, sostituito da una nuova immagine di sé, più forte e più determinata.

L'allenamento quotidiano non solo rafforzava il suo corpo, ma anche la sua mente. Ogni giorno senza fumare era una conferma del fatto che poteva superare qualsiasi sfida. L'autodisciplina che sviluppava durante le sessioni in palestra si rifletteva in altre aree della sua vita. Sentiva di avere più energia, maggiore concentrazione sul lavoro e una migliore gestione dello stress.

La scoperta di nuovi orizzonti

L'allenamento non fu solo un mezzo per liberarsi dal fumo, ma anche un'occasione per esplorare nuovi orizzonti. Tommaso iniziò a interessarsi a discipline che non aveva mai considerato prima, come il crossfit e il triathlon. Ogni nuovo sport che provava lo spingeva a superare i suoi limiti fisici e mentali, dandogli una nuova visione di sé e delle sue potenzialità.

Questa esplorazione gli fece capire che smettere di fumare non era stato solo un atto di forza di volontà, ma l'inizio di una nuova vita. Il fumo, che un tempo lo faceva sentire bloccato e limitato, era stato sostituito da un senso di libertà e crescita personale. Ora, ogni nuova sfida sportiva rappresentava un modo per celebrare il suo corpo, un corpo che stava guarendo e rigenerandosi dopo anni di dipendenza.

La motivazione a lungo termine

Man mano che la sua condizione fisica migliorava, Tommaso si rese conto che l'attività fisica non era solo una fase temporanea del suo percorso per smettere di fumare, ma una nuova parte della sua vita. Non si trattava più solo di combattere il desiderio di una sigaretta, ma di costruire una routine che potesse sostenerlo a lungo termine. Gli obiettivi sportivi divennero la sua nuova motivazione, e la sensazione di forza e resistenza che provava dopo ogni allenamento era più gratificante di qualsiasi sigaretta.

Il fumo non era più una parte della sua identità. Ora, Tommaso era un atleta, una persona che affrontava la vita con energia e determinazione, consapevole del fatto che la sua forza interiore era cresciuta insieme alla sua forza fisica. Sapeva che, anche nei momenti difficili, poteva sempre contare sull'attività fisica come strumento per superare le sfide e per mantenere il controllo sulla sua vita.

Capitolo 11: Livia - Alimentazione consapevole per smettere di fumare

Livia aveva sempre avuto un rapporto complesso con il cibo. Quando era giovane, non prestava particolare attenzione a ciò che mangiava: i pasti erano spesso rapidi e disordinati, in parte influenzati dallo stress della vita quotidiana e dall'abitudine di accendere una sigaretta subito dopo aver mangiato. Per lei, cibo e fumo erano strettamente legati, e per molti anni non si era mai interrogata su quanto le sue abitudini alimentari influissero sul suo benessere.

Il desiderio di cambiare

Quando Livia decise di smettere di fumare, si rese conto che avrebbe dovuto rivedere completamente il suo stile di vita, compreso il modo in cui si nutriva. Il fumo aveva influenzato non solo la sua salute, ma anche il suo rapporto con il cibo. Spesso saltava i pasti o mangiava in modo disordinato, compensando con una sigaretta. Ma ora che la sigaretta non era più presente, Livia si accorse che doveva trovare un modo per ristabilire un equilibrio, sia fisico che mentale.

La scoperta dell'alimentazione consapevole

Un giorno, parlando con un amico nutrizionista, Livia venne a conoscenza del concetto di alimentazione consapevole. Era un approccio che non aveva mai considerato, ma che subito la incuriosì. Si trattava di prestare attenzione al cibo che si mangiava, non solo per i benefici fisici, ma anche per il modo in cui il cibo poteva influenzare l'umore, la mente e le emozioni.

L'idea che il cibo potesse essere una risorsa per migliorare il benessere mentale le sembrava affascinante. Livia decise di approfondire, leggendo libri e articoli sull'argomento. Scoprì che esistevano alimenti che potevano aiutarla non solo a disintossicare il corpo dalla nicotina, ma anche a stabilizzare il suo umore e a gestire meglio lo stress, due aspetti cruciali nel suo percorso per smettere di fumare.

Il legame tra cibo e fumo

Man mano che Livia esplorava il mondo dell'alimentazione consapevole cominciò a vedere con più chiarezza il legame tra il suo modo di mangiare e la dipendenza dal fumo. Notò che spesso fumava per placare la fame o per evitare di concentrarsi sulle sensazioni di disagio. Decise di sostituire questo comportamento con un'attenzione più attiva alla nutrizione.

Livia cominciò a pianificare i suoi pasti con cura, scegliendo cibi che sapeva avrebbero sostenuto il suo corpo nel processo di disintossicazione. Integrò nella sua dieta cibi ricchi di antiossidanti, come frutta e verdura fresca, per aiutare a ripulire il suo corpo dalle tossine accumulate con il fumo. Scoprì che alimenti come gli agrumi e i frutti di bosco non solo miglioravano la sua salute, ma le davano anche una carica di energia e vitalità che le faceva dimenticare il desiderio di accendere una sigaretta.

Creare nuove abitudini alimentari

Uno dei cambiamenti più significativi che Livia implementò nella sua vita fu la creazione di nuove abitudini alimentari che sostituissero le pause sigaretta. Prese l'abitudine di preparare snack sani e gustosi da tenere sempre a portata di mano. Ogni volta che sentiva il bisogno di una sigaretta, invece di cedere alla tentazione, si concedeva una pausa per gustare un frutto fresco o una manciata di noci. Questo semplice cambiamento le permise di spezzare l'associazione tra fumo e pausa, aiutandola a creare nuove routine più sane.

Inoltre, Livia iniziò a praticare il mindful eating, cioè l'atto di mangiare con attenzione e consapevolezza, concentrandosi sui sapori, le consistenze e le sensazioni del cibo. Si accorse che, rallentando e prestando attenzione a ciò che mangiava, non solo apprezzava di più il cibo, ma riusciva anche a gestire meglio l'ansia e lo stress che prima associava al desiderio di fumare.

Il cambiamento nel corpo e nella mente

Col passare dei mesi, Livia notò cambiamenti profondi nel suo corpo. Il suo livello di energia era aumentato, la sua pelle era più luminosa e si sentiva fisicamente più forte. Il cibo che mangiava stava giocando un ruolo fondamentale nel processo di disintossicazione dal fumo, e la sua alimentazione equilibrata la aiutava a mantenere la concentrazione e a gestire le emozioni in modo più stabile.

Ma il cambiamento non era solo fisico. La sua nuova attenzione al cibo le diede anche una maggiore consapevolezza mentale. Ogni pasto era un'occasione per prendersi cura di sé, per fare una scelta consapevole che rafforzava il suo impegno a vivere senza fumo. Livia scoprì che, mentre il cibo nutriva il suo corpo, le dava anche un senso di controllo e autostima che prima cercava nelle sigarette.

L'importanza della nutrizione nel percorso di disintossicazione

Livia imparò che smettere di fumare non riguardava solo il superamento della dipendenza dalla nicotina, ma anche la creazione di uno stile di vita che sostenesse il suo benessere a lungo termine. L'alimentazione consapevole divenne una parte centrale del suo percorso di disintossicazione. Sapeva che ciò che mangiava influenzava non solo il suo corpo, ma anche la sua mente, e questo la motivava a continuare su quella strada.

Con il tempo, Livia smise di vedere il cibo solo come una necessità, ma lo considerava un alleato nel suo processo di guarigione. I pasti diventarono momenti di cura di sé, in cui poteva rilassarsi e riflettere su quanto stava migliorando. Ogni scelta alimentare positiva la rafforzava, dandole la sensazione di avanzare costantemente verso una vita più sana e più equilibrata.

Conclusione

Per Livia, smettere di fumare non fu solo una questione di volontà, ma un percorso di riscoperta del proprio corpo e delle proprie esigenze. Attraverso l'alimentazione consapevole, trovò un modo per prendersi cura di sé in modo più profondo, trasformando il cibo in uno strumento di supporto nel suo cammino verso una vita libera dal fumo. Ogni pasto era un'opportunità per scegliere la salute e la serenità, e questa nuova consapevolezza la accompagnava ogni giorno nel suo percorso di cambiamento.

Capitolo 12: Alessandra - Il ciuccio e il biberon: oggetti di conforto nel percorso di disintossicazione

Alessandra aveva sempre trovato conforto nelle sue routine. Era una persona che amava sentirsi in controllo, e questo desiderio di stabilità l'aveva portata, inconsciamente, a sviluppare l'abitudine di fumare in situazioni di stress o ansia. La sigaretta era diventata il suo oggetto di conforto personale: ogni volta che la tensione cresceva, sapeva di poter accendere una sigaretta e, per un momento, trovare sollievo. Tuttavia, con il passare degli anni, Alessandra si rese conto che quel piccolo gesto la stava allontanando dalla vita sana che desiderava.

La sfida di trovare un sostituto

Quando Alessandra decise di smettere di fumare, sapeva che avrebbe dovuto affrontare non solo la dipendenza fisica dalla nicotina, ma anche la sfida emotiva di sostituire il conforto che il fumo le dava. Si trovava a chiedersi come avrebbe potuto riempire quel vuoto. Era abituata al gesto, al rituale: il fumo rappresentava un momento di pausa, un attimo per sé stessa in cui sentiva di poter "staccare". Ma come sostituire quel rituale che ormai era così radicato?

Un giorno, mentre osservava la nipotina giocare con il suo ciuccio e il biberon, Alessandra si fermò a riflettere. Quegli oggetti, così semplici e naturali per un bambino, avevano un grande potere: davano sicurezza, tranquillità, e un senso di conforto immediato. La bambina sembrava più serena ogni volta che stringeva il suo ciuccio o beveva dal biberon. Alessandra si rese conto che, anche da adulti, abbiamo bisogno di oggetti di conforto, anche se in forme diverse.

Il simbolismo del ciuccio e del biberon

Affascinata dall'idea, Alessandra decise di applicare questo concetto a sé stessa. Naturalmente, non intendeva usare un ciuccio o un biberon in senso letterale, ma voleva trovare qualcosa che potesse sostituire il gesto del fumo e darle la stessa sensazione di sicurezza e calma. Scelse di portare sempre con sé una piccola bottiglia d'acqua o di tè caldo, che fungeva da "biberon" simbolico. Ogni volta che sentiva il desiderio di accendere una sigaretta, prendeva la bottiglia e beveva lentamente. Questo piccolo gesto le dava un senso di comfort immediato, aiutandola a superare il momento di difficoltà.

Il gesto ripetitivo di bere divenne una sorta di rituale, esattamente come lo era stato il fumare. Alessandra si rese conto che non era solo la nicotina a mancarle, ma l'atto stesso di prendere una pausa, di avere un momento in cui poteva dedicarsi completamente a sé stessa. Con il "biberon", riusciva a ricreare quel momento di pausa, ma in modo sano e positivo.

Sostituire il gesto

Uno degli aspetti più utili che Alessandra scoprì era la potenza della ripetizione del gesto. Prima, ogni volta che si trovava in una situazione di stress, accendere una sigaretta era una risposta automatica. Ora, però, il gesto di sorseggiare dalla bottiglia divenne la sua nuova abitudine. La semplice azione di bere un sorso d'acqua o di tè la aiutava a distogliere la mente dal pensiero della sigaretta e a concentrarsi su un'attività alternativa.

Alessandra decise di rendere questo rituale ancora più gratificante aggiungendo al suo "biberon" delle bevande che le piacevano particolarmente. A volte optava per un tè alla menta rinfrescante, altre volte per un infuso di frutta. Ogni volta che sorseggiava, il sapore la avvolgeva e le offriva un piacere che le ricordava la sua forza e la sua capacità di gestire la situazione senza fumo.

Il potere della calma

Uno dei momenti più importanti del suo percorso arrivò quando Alessandra si rese conto che non era solo la sostituzione fisica del gesto a funzionare, ma anche la calma mentale che riusciva a trovare attraverso di esso. Il fumo era diventato un modo per evitare di affrontare direttamente le emozioni, un'azione che le permetteva di "spegnere" la mente per qualche minuto. Con il "biberon", invece, riusciva a rimanere presente nel momento, a gestire le sue emozioni in modo consapevole.

Alessandra capì che, proprio come i bambini trovano nel ciuccio una forma di conforto che li aiuta a calmarsi e sentirsi sicuri, anche lei poteva trovare conforto nel suo nuovo gesto, ma in un modo che favorisse il benessere. Invece di cercare di evitare lo stress o l'ansia, si allenò a vivere quelle emozioni, affrontandole con la tranquillità del suo nuovo rituale.

Un nuovo modo di prendersi cura di sé

Man mano che il tempo passava, Alessandra iniziò a notare che il suo nuovo approccio non solo le stava permettendo di smettere di fumare, ma stava anche trasformando il suo modo di vedere il prendersi cura di sé. Ogni volta che prendeva la sua bottiglia, non stava solo sostituendo una sigaretta: stava prendendo attivamente una decisione di cura e benessere. Si rese conto che l'azione di bere l'acqua o il tè rappresentava una sorta di atto d'amore verso sé stessa.

Questa nuova abitudine non si limitava a calmare le sue voglie, ma le dava anche una sensazione di controllo su una situazione che una volta sembrava impossibile da gestire. Ogni giorno senza sigarette era una vittoria, e ogni sorso dal suo "biberon" era un passo in avanti verso una vita più sana.

Conclusione

Per Alessandra, smettere di fumare non fu solo una questione di forza di volontà, ma anche di scoprire nuovi modi per ritrovare il comfort e la calma. Attraverso il simbolismo del ciuccio e del biberon, riuscì a creare un rituale che non solo sostituiva il fumo, ma le dava anche un senso di cura per sé stessa. Quel semplice gesto di portare la bottiglia alle labbra divenne un atto di benessere e serenità, un modo per affrontare lo stress senza ricorrere alla sigaretta.

Conclusione

In questo viaggio attraverso il mondo del fumo e della dipendenza, abbiamo esplorato le mille ragioni che spingono le persone ad accendere una sigaretta, ma abbiamo anche scoperto l'unica motivazione davvero potente per smettere: il desiderio di vivere una vita più sana, felice e autentica.

Abbiamo ascoltato storie di lotta e resilienza, di persone che hanno affrontato il fumo non solo come una dipendenza fisica, ma come un compagno di vita che, per troppo tempo, ha controllato le loro esistenze. Attraverso le esperienze di Roberto, Chiara, Mauro e molti altri, abbiamo visto che il cammino verso la libertà non è facile, ma è possibile. Ogni storia è una testimonianza della forza interiore che tutti noi possediamo e del potere delle connessioni umane.

La vera trasformazione avviene quando si smette di affrontare questa battaglia da soli. La comunità, il supporto reciproco e l'apertura al cambiamento sono gli strumenti più efficaci per affrontare la dipendenza. Quando ci uniamo per condividere le nostre esperienze, ci rendiamo conto che non siamo soli. Ogni passo verso la libertà diventa un passo verso una vita più piena e significativa.

Ricordiamo che il fumo non è solo una questione di scelta; è una questione di consapevolezza. Essere consapevoli delle emozioni e dei bisogni che ci spingono a fumare è fondamentale per costruire nuove abitudini. Smettere di fumare non significa solo abbandonare una cattiva abitudine, ma intraprendere un viaggio verso l'autenticità, verso un'esistenza in cui le scelte sono guidate dal nostro vero io e non da una dipendenza.

La mia esperienza personale mi ha insegnato quanto sia facile ricadere nel vizio. Aver ripreso a fumare, quasi per gioco e dopo vent'anni, mi ha portato, nel giro di tre mesi, a rendermi conto di quanto quell'azione stesse di nuovo radicandosi nella mia quotidianità. Ho percepito, con un misto di timore e lucidità, quanto possa essere difficile smettere dopo aver fumato per decenni, 40 o 50 anni. Quella sensazione di impotenza mi ha fatto capire quanto la dipendenza possa insidiosamente controllare la nostra vita, rendendo ancora più urgente la necessità di smettere, prima che diventi troppo tardi.

Se stai leggendo queste pagine e ti trovi in questa battaglia, ricorda che hai il potere di cambiare la tua vita. Ogni giorno senza fumo è una vittoria, ogni momento di resistenza è un passo verso la libertà. Non c'è motivo per cui tu non possa scrivere la tua storia di successo. Il viaggio può essere difficile, ma le ricompense sono immense: salute, vitalità e una vita che brilla di gioia.

Infine, abbraccia il tuo futuro senza fumo con fiducia. Riscopri le tue passioni, costruisci relazioni autentiche e goditi ogni attimo di questa nuova vita. Ogni giorno è un'opportunità per essere la migliore versione di te stesso. Lascia andare il passato e avanza con coraggio, sapendo che il tuo viaggio è solo all'inizio.

La tua storia non è finita; è solo cominciata.

Ringraziamenti

Desidero esprimere la mia profonda gratitudine a tutte le persone che hanno sostenuto il lungo cammino di questo libro. Ogni storia e riflessione qui condivisa è il risultato di esperienze, incontri e scambi significativi con persone che mi hanno ispirato e guidato.

Un ringraziamento speciale va ai miei due figli, Alexander e Maximilian, il cui sostegno e pazienza sono stati fondamentali per completare questo progetto. La loro presenza è stata una fonte inesauribile di motivazione e forza.

Infine, per chi si avvicina a questo libro, vorrei svelare che Bob Navnath è il nome d'arte di Roberto Natalizia. Ho scelto uno pseudonimo, forse anche per gioco, perché sentivo che il mio nome vero potesse suonare troppo comune. Con questo nome d'arte ho voluto dare al libro un'identità che restasse impressa, rappresentando pienamente lo spirito del progetto. Grazie a tutti

per avermi permesso di intraprendere e
condividere questo viaggio.

Biografia dell'autore

Bob Navnath, alias Roberto Natalizia, coltiva da
anni una profonda passione per le arti, che
spaziano dalla musica alla pittura, aree in cui trova
espressione e ispirazione. Allo stesso tempo, il suo
interesse per la psicologia e la meditazione gli ha
permesso di esplorare nuovi percorsi di
introspezione e crescita personale, che hanno
contribuito in modo significativo al percorso
narrativo di questo libro. Con uno sguardo aperto
e curioso, [Pseudonimo] desidera invitare i lettori
a riflettere su temi universali e percorsi di
cambiamento.

Feedback

Il tuo riscontro è prezioso! Se desideri condividere
le tue impressioni, suggerimenti o semplicemente
raccontarmi come questo libro ha influenzato la
tua vita, sarei felice di leggerti. Puoi inviarmi i tuoi
commenti e opinioni via e-mail a:

📧 bobnavnath@gmail.com

Il tuo contributo mi aiuterà a migliorare e a creare contenuti sempre più utili per i lettori. Grazie in anticipo per il tuo tempo e per il supporto!